U0470950

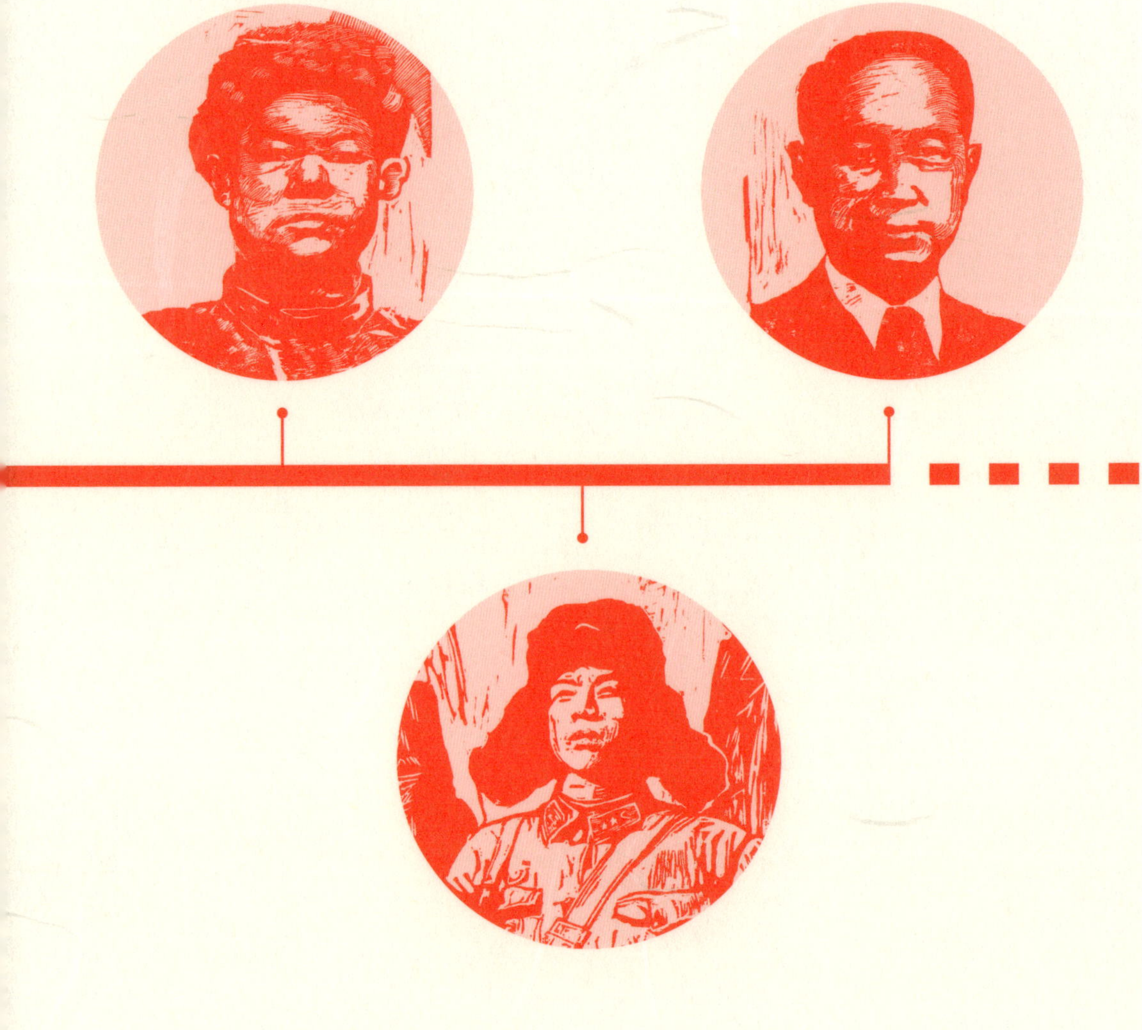

红色基因传承系列丛书

难忘英雄那句话

董强 武景生 苏进 编著

山东城市出版传媒集团·济南出版社

图书在版编目（CIP）数据

难忘英雄那句话/董强,武景生,苏进编著. -- 济南：济南出版社,2021.7　（2023.8重印）
（红色基因传承系列丛书）
ISBN 978-7-5488-4737-3

Ⅰ.①难…Ⅱ.①董…②武…③苏…Ⅲ.①英雄-生平事迹-中国-通俗读物 Ⅳ.①K82-49

中国版本图书馆CIP数据核字（2021）第130002号

出 版 人	田俊林
图书策划	胡长粤
责任编辑	刘秋娜
	李　媛
装帧设计	胡大伟
	陈致宇

红色基因传承系列丛书：难忘英雄那句话　　董 强 武景生 苏 进 编著

出版发行	济南出版社
地　　址	济南市市中区二环南路1号（250002）
发行电话	（0531）86922073　67817923
	86131701　86131704
经　　销	各地新华书店
印　　刷	山东联志智能印刷有限公司
版　　次	2023年8月第1版第2次印刷
成品尺寸	170mm×240mm　16开
印　　张	12
字　　数	137千
定　　价	38.00元

（济南版图书，如有印装质量问题，请与印刷厂联系调换）

石头里有只会飞的鹰

（代　序）

您知道吗？

航母舰载机飞行员张超儿时，有三个哥哥相继夭亡，其中两个溺水。从小"忌水"的他偏偏选择了海军，最终在海军行列中为祖国献身。

您知道吗？

英雄航天员景海鹏差点儿与飞行梦想失之交臂。第一次高考，他失败了。幸亏一位电工劝说，父亲才同意他复读。后来，景海鹏成为中国首位三度飞天的航天员。

您知道吗？

中国爆炸力学与核试验工程领域著名专家林俊德病逝后，骨灰在家里放了一年之后才葬于马兰。他的妻子黄建琴说，组织上给了一套房子，老林生前"没住过这样的房子"。

我们在编撰这部书稿的过程中，每到这种时刻，总忍不住默默流泪，为英雄，为他们的家人，也为我们的祖国和人民。

言为心声。

英雄们的事迹感人，英雄们的话语同样感人——尤其特定场景下脱口而出的那句话，不论是激情澎湃、力透纸背，还是含蓄隽永、耐人寻味，抑或朴实无华、如话家常，都从英雄的心底流淌出来，因而不仅真实可信、善意长存，而且独具英雄主义特有的美学意蕴。

"祖国是人民最坚实的依靠，英雄是民族最闪亮的坐标。"重温英雄那句话，实际上就是在为我们的精神补钙。

英雄来自不同年代，革命战争、和平建设、改革开放、社会主义新时代，他们像火种，像火炬，像熊熊燃烧的烈火，给人以希望，给人以光明，给人以热量。

英雄来自不同行业，思想先驱、红军将士、农民领袖、爱国华侨、"两弹一星"元勋……他们是播火者，是引领者，是耕耘者，却唯独不是收获者。

《难忘英雄那句话》围绕英雄的一句话，收录了60个不同时期、不同领域的英雄故事。这些英雄有中国共产党早期领导人，用一腔热血唤醒民众；有农民运动领导人，用年轻生命捍卫主义的真理；有战场上的勇士，以血肉之躯开辟胜利坦途；有国防战线的科技工作者，以大海一般的胸怀，用隐姓埋名的默默奉献筑起山一样的功劳。

沉浸在英雄们的故事里，在为英雄骄傲和自豪的同时，我们在想，究竟是什么支撑起英雄们无怨无悔的选择？

是信仰。泰戈尔说："信仰是个鸟儿，黎明还是黝黑时，就触着曙光而讴歌了。"英雄们用一只光明的手，把信仰写在光明的心中，奋斗在或黑暗或光明的大地上。

是忘我。罗曼·罗兰说："世界上只有一种英雄主义，那就是在知道生活真相后依然热爱生活。"英雄们只问耕耘不问收获，有的永远站在了新中国的门槛之外，有的没有看到自己的成果造福祖国和人民的那一刻，有的在中华民族伟大复兴的征程上永远闭上了双眼……

梁衡写过一篇哲理散文《石头里有只会飞的鹰》。开篇即写道，雕塑家用一块普通的石头雕了一只鹰，栩栩如生，振翅欲飞。观者无不惊叹。问其技，曰：石头里本来就有一只鹰，我只不过将多余的部分去掉，它就飞起来了。梁衡就此议论说：原子弹爆炸，是因为原子核里本来就有原子能；植物发芽，是因为种子里本来就有生命。它不爆炸、不发芽，是因为它有一个多余的外壳，我们去掉它，它就实现了它自己的价值。

《难忘英雄那句话》一书所展示的，正是60位不同时期英雄"破壳而出"的精彩。英雄们年龄不同，职业有别，但都像石头里那只会飞的"鹰"，以"飞翔"的姿态创造了生命的奇迹，给世人留下一串串惊叹，启人深思，催人奋进。

他们的英雄故事扣人心弦。

他们的英雄壮举撼人心魄。

他们的英雄情怀温暖人心。

他们的一切，都浓缩在那句话里。

此刻，让我们一起，再一次聆听、品味英雄那句话……

董 强

2021年5月16日

目 录

001　中国共产主义运动的先驱李大钊
　　　试看将来的环球，必是赤旗的世界

005　妇女运动的先驱向警予
　　　革命者不会在敌人的屠刀下求生

009　红军师长陈树湘
　　　誓为苏维埃新中国流尽最后一滴血

013　坚定信仰的无畏战士方志敏
　　　敌人能砍下我的头颅，决不能动摇我的信仰

017　人民的英雄刘志丹
　　　敌人越少越好，朋友越多越好

020　抗日女英雄赵一曼
　　　一世忠贞兴故国，满腔热血沃中华

024　坚决革命的同志董振堂
　　　我们流血牺牲不就是为了孩子吗？

028　宁死不屈的抗日英雄陈若克
　　　我是中国人，决不能在强盗面前躺着死

032　著名爱国华侨领袖陈嘉庚
　　　中国的希望在延安

036 全心全意为人民服务的张思德
　　　为了人民的利益，拼命也要把炭烧好

039 "生的伟大，死的光荣"的刘胡兰
　　　怕死的不当共产党员

042 舍身炸碉堡的战斗英雄董存瑞
　　　为了新中国，前进！

045 深藏功名不忘初心的战斗英雄张富清
　　　党的干部，哪里需要就去哪里

049 特级英雄杨根思
　　　不相信有战胜不了的敌人

052 国际主义战士罗盛教
　　　不要在我的尸体面前停留，应该继续勇敢前进

055 舍身堵枪眼的战斗英雄黄继光
　　　坚决完成任务争取当英雄

058 视纪律重于生命的战斗英雄邱少云
　　　为了胜利，我愿献出自己的一切

061 对党绝对忠诚的战斗英雄李延年
　　　一辈子就想当一个能打胜仗的好兵

065 全国劳动模范时传祥
　　　宁肯一人脏，换来万家净

068 "两弹一星"元勋邓稼先
　　　不要让人家把我们落得太远

071 "中国导弹之父"钱学森
　　　科学没国界，科学家有祖国

075 人民科学家程开甲
　　我这辈子最大的心愿就是国家强起来，国防强起来

079 "中国核潜艇之父"黄旭华
　　敢做惊天动地事，甘做默默无闻人

082 "中国氢弹之父"于敏
　　能把微薄的力量融进祖国强盛，便足以自慰了

086 中国航天事业推动者孙家栋
　　国家需要，我就去做

089 献身国防科技事业杰出科学家林俊德
　　死后将我埋在马兰

093 世界"杂交水稻之父"袁隆平
　　我一生最大的愿望，就是让天下人都吃饱饭

096 中国首位诺贝尔医学奖获得者屠呦呦
　　科学研究不是为了争名争利

099 "共和国勋章"获得者钟南山
　　医院就是战场，我们不冲上去谁冲上去

102 伟大的共产主义战士雷锋
　　把有限的生命投入到无限的为人民服务之中

105 县委书记的榜样焦裕禄
　　我死后也要看着你们把沙丘治好

109 钢铁战士麦贤得
　　保家卫国是军人职责

113 舍己救人的英雄战士王杰
　　一不怕苦，二不怕死，做一个大无畏的人

117　战斗英雄冷鹏飞
　　　打仗是军人的专业

120　"铁人"王进喜
　　　宁可少活二十年，拼命也要拿下大油田

124　献身国防现代化的模范干部苏宁
　　　我们不是享受的一代，而是奋斗的一代

127　领导干部的楷模孔繁森
　　　共产党员爱的最高境界是爱人民

130　新时期英雄战士李向群
　　　怕累不是汉，怕死不当兵

134　忠诚履行使命的模范指挥员杨业功
　　　军人不思打仗就是失职

137　"八一勋章"获得者马伟明
　　　只要国防建设急需，天大的风险也要干

141　试飞英雄李中华
　　　一个民族不能没有挑战极限的英雄

145　忠诚党的创新理论模范教员方永刚
　　　我是共产党的忠实追随者

149　缉毒英雄印春荣
　　　我们多抓一个毒贩，百姓就少受一份害

153　视死如归的战斗英雄韦昌进
　　　为了胜利，向我开炮

157　逐梦太空的英雄航天员景海鹏
　　　即便我们回不来，也一定要让五星红旗在太空高高飘扬

160 导弹兵王王忠心
 今天不努力，明天就要被淘汰

164 反恐勇士王刚
 看我的！跟我上！

168 逐梦海天的强军先锋张超
 哪怕是付出生命的代价，也要振翅高飞

172 附　录

中国共产主义运动的先驱李大钊

试看将来的环球，必是赤旗的世界

李大钊（1889年～1927年），河北乐亭人。李大钊是中国共产主义运动的先驱、伟大的马克思主义者、杰出的无产阶级革命家、中国共产党的主要创始人之一。他是中国共产党早期卓越的领导人，在中国共产主义运动和民族解放事业中，占有崇高的历史地位。2009年9月，李大钊被评为"100位为新中国成立作出突出贡献的英雄模范人物"。

英雄话语

"试看将来的环球，必是赤旗的世界。"

英雄事迹

1889年，李大钊出生于河北省乐亭县大黑坨村。

1907年，18岁的李大钊为寻求救国救民的真理，考入天津北洋法政专门学校学习。辛亥革命后，李大钊忧国之所忧、哀民之所哀，写下《隐忧篇》和《大哀篇》，下定决心为挽救中华而努力奋斗。

1914年9月，李大钊转入日本早稻田大学学习。在学校，他接受了马克思主义思想和社会主义理论，这为他回国宣传马克思主义、走上革命道路起了奠基作用。

1916年，李大钊回国后，与陈独秀、鲁迅等一起高举反帝、反封建大旗，掀起了一场轰轰烈烈的新文化运动，率先在中国宣传马克思主义。1917年，俄国十月革命胜利后，李大钊用敏锐的眼光看到了民族解放的希望，并断言："试看将来的环球，必是赤旗的世界。"李大钊凭着艰难求索的精神，提出建立中国共产党的主张，在思想上、组织上和实践上为党的建立做出了重大贡献。

1925年5月，中共中央北方执行委员会成立，李大钊任北方区委书记。李大钊是中国北方革命运动的领袖，他积极宣传马克思主义，领导工农运动，建立党的组织。1926年4月，奉系军阀张作霖入关后，大肆镇压革命人士，李大钊领导北方区委和各地党组织与反动派进行持续斗争。1927年4月6日，张作霖勾结帝国主义，闯进苏联大使馆，逮捕了李大钊等80余名革命者。

在监狱中，李大钊备受酷刑；在法庭上，他大义凛然，坚贞不屈。

4月28日，反动军阀不顾人民群众和社会舆论的强烈反对和谴责，悍然将李大钊等20名革命者绞杀在北京西交民巷京师看守所内。临刑前，李大钊慷慨激昂地说："不能因为反动派今天绞死了我，就绞死了伟大的共产主义，共产主义在中国必然得到光辉的胜利！"李大钊第一个走上绞架，从容就义，时年38岁，留下了共产党人为信仰而献身的千古绝唱。

英雄礼赞

信仰就是一道光

1920年的春夜,浙江义乌分水塘村一间久未修葺的柴屋。两张长凳架起一块木板,既是床铺又是书桌。桌前,一位青年奋笔疾书。

母亲在屋外喊道:"红糖够不够,要不要我再给你添些?"儿子应声答道:"够甜,够甜的了!"谁知,当母亲进来收拾碗筷时,却发现儿子的嘴里满是墨汁,红糖却一点儿也没动。原来,儿子竟然是蘸着墨汁吃掉粽子的!

他叫陈望道,他翻译的册子叫《共产党宣言》。

2006年4月,原解放军总医院,年近九旬的老红军刘光远病危,插上呼吸机的他再也发不出声音。见父亲有话说,小女儿小心翼翼地为他托起一副写字板。

弥留之际,气若游丝的老人用尽全身力气,靠唯一能够活动的右手颤巍巍地写起来,笔画交叉重叠,写字板上留下了歪歪扭扭的五个黑疙瘩。

老人走后,家人经过无数次追忆和思考,终于恍然大悟,那像天书一样的五个黑疙瘩原来是最典型的革命语言:共产党万岁!

刘光远是红六军团的老号兵,长征途中三次负伤,次次命悬一线。生命终结之前,他对曾给予他生命尊严和人生价值的共产党感恩不尽,希望她万年永续。

信仰是什么?泰戈尔说:"信仰是个鸟儿,黎明还是黝黑时,就触着曙光而讴歌了。"诗意的呈现与哲学的追问,远不如现实的回答。

陈望道把墨汁当红糖,是因为沉浸在马克思的激情宣言里;刘光远临终遗言写"天书",是因为要给后代讲一个天大的真理:没有共产党,就没有新中国;没有共产党,就不能发展中国。

李大钊坦然走向绞刑架,用无悔的抉择表明:信仰绝不是知识,而是使知识有效的意志决断。

只有信仰,才能让思想迸发火花;只有信仰,才能让未来散发光芒。

回望当年李大钊,对中国共产党这个"行动的马克思主义者"来说,信仰其实就是一道光,给人以光明,给人以力量,给人以坚强。

妇女运动的先驱向警予

革命者不会在敌人的屠刀下求生

向警予（1895年~1928年），湖南溆浦人。她是中国共产党唯一的女创始人及早期领导人之一，妇女解放运动领导人之一。1928年3月20日，由于叛徒出卖，向警予在法租界三德里被捕，同年5月1日，向警予在汉口余记里被杀害，年仅33岁。2009年9月，向警予被评为"100位为新中国成立作出突出贡献的英雄模范人物"。

▎英雄话语

"不要多讲废话，要杀就杀！至于我是不是向警予，没有多大关系，横竖你们都是屠杀人民的刽子手！革命者不会在你们的屠刀下求生！"

▎英雄事迹

向警予是一位出身商贾之家的土家族女儿。她是中国共产党第一个女中央委员、党中央第一任妇女部部长,中国妇女运动的先驱。

1919年10月,向警予和蔡畅等组织湖南女子留法勤工俭学会,成为湖南女界勤工俭学运动的首创者。同年12月,在赴法勤工俭学的航船上,共同的革命理想,使蔡和森、向警予这两颗青春火热的心融合在一起。

1921年底,向警予回到上海。第二年,她加入中国共产党,开始领导中国最早的无产阶级妇女运动。她为党中央妇女部起草了《关于妇女运动的决议案》等许多重要指导文件,发表了大量论述妇女解放运动的文章,培养了大批妇女工作干部,在妇女解放运动史上做出了不可磨灭的贡献。

1927年,向警予在湖北汉口工作。省委机关遭到彻底破坏,很多人被捕杀害。党的大部分领导先后转移,向警予却主动要求留在武汉,坚持地下斗争。

1928年3月20日拂晓,由于叛徒出卖,向警予不幸被捕。最后一次审讯时,敌人威胁说已经查明了她是共产党重要领导者,逼她招供。向警予毫无惧色地回答:"不要多讲废话,要杀就杀!至于我是不是向警予,没有多大关系,横竖你们都是屠杀人民的刽子手!革命者不会在你们的屠刀下求生!"

5月1日,在武汉余记里空坪刑场,年仅33岁的向警予英勇就义。

柳亚子闻讯后赋诗一首,深情赞美、怀念向警予等革命家:

> 刎颈侯嬴漫怨哀,已从稗史证丰裁。
> 当年粤海同舟侣,更忆欹奇小李才。
> 雄词慷慨湘江向,情话缠绵浙水杨。
> 长痛汉皋埋碧血,难从海国问红妆。

英雄礼赞

侠骨柔情美"丹娘"

少将特务上坟祭奠女英烈？

这不是奇谈怪论，而是发生在国民党息烽监狱的真人真事。

女英烈名叫张露萍，少将特务名叫周养浩。

1945年7月14日，因"军统电台案"而暴露的张露萍等七位勇士倒在了敌人的枪口下。当刽子手得意忘形、肆意狂笑之际，却没想到张露萍竟然从血泊中站了起来。她扭过头，怒目圆睁，手指着流着鲜血的胸脯，向刽子手骂道："笨蛋，朝这儿来，打准点！"这一情景吓得刽子手们个个汗毛倒竖，连退几步。一个特务慌忙连连开枪，张露萍身中六弹之后英勇倒下。

如此壮烈的一幕，让心怀鬼胎的特务们像中了魔咒一样，军统少将、贵州息烽集中营主任周养浩后来不得不备了一桌包括"三牲"在内的丰盛祭品，摆在张露萍坟前，连连磕头求饶。

研究者发现，在"红岩"故事中，被叛徒出卖的长长的一大串牺牲或脱难的革命者名单中，共有24名女性（其中两名幼女）。在男人们都无法忍受的重刑和条件极其困苦的牢房里，所有女性竟然挺了过来！

这是什么原因？难道仅仅是性别上的差异？非也，人们常把男人比作钢铁一般坚强，女人总是柔情似水，眼泪当歌，可偏偏"红岩"故事里的女性个个意志坚定，宁死不屈。于是，研究者从"红岩"革命故事中得出了一个令人肃然起敬的结论：女性无叛徒。

向警予、张露萍都很美。张露萍被捕之初，敌人曾对她有非分之想。

信仰，让她们更加美丽。她们的英雄壮举，分明就像为了苏维埃的革命事业而同白匪勇敢斗争的"丹娘"。

"革命者不会在敌人的屠刀下求生！"从33岁牺牲的向警予到24岁牺牲的张露萍，革命女英雄们个个堪称神州大地上"永远的丹娘"。

"红梅花儿开，朵朵放光彩……"这首经典革命歌曲将永远在中华大地上传唱，向警予、张露萍等侠骨柔情的美"丹娘"将永远活在后来人的心中。

红军师长陈树湘

誓为苏维埃新中国流尽最后一滴血

陈树湘（1905年~1934年），湖南长沙人。1925年7月加入中国共产党。1927年参加北伐叶挺部，任班长、警卫排长。同年参加南昌起义，后又随团参加秋收起义，并上井冈山，历任连长、营党代表、支队政治委员、师长等职。1934年10月，中央红军开始长征，他率领红军三十四师担负全军后卫。同年12月18日，壮烈牺牲，年仅29岁。2019年10月，被评为"100位为新中国成立作出突出贡献的英雄模范人物"。

英雄话语

"寻找敌兵薄弱的地方突围出去，到湘南开展游击战争；万一突围不成，誓为苏维埃新中国流尽最后一滴血！"

英雄事迹

长征开始后，红三十四师师长陈树湘带领部队担负全军后卫，同敌人追兵频繁作战，兵不卸甲，马不解鞍。哪里有敌人的追兵，他就要在哪里实施堵击。

1934年11月25日，中央红军开始抢渡湘江，艰苦的后卫掩护任务便落在了红三十四师的身上。面对数十倍于己的敌人，他毫无惧色，镇定自若地指挥部队沉着应战三天三夜，打退了敌人一次又一次进攻，掩护了中央机关、中央军委纵队和主力红军渡过湘江。

12月1日，已经与三面之敌鏖战四天五夜的红三十四师胜利完成了后卫掩护任务，全师6000多人锐减到不足1000人。而此时，部队被敌人截断在湘江东岸，无法渡江追赶主力。

12月2日，陈树湘率部翻越海拔1900多米的宝盖山上，试图在湘江边的凤凰咀徒步渡江。不料，又遭到敌军两师的阻击，师政委程翠林、政治部主任蔡中和两位团长在战斗中相继阵亡。这时，红三十四师接到军团部电令，指示他们退回湘南打游击。陈树湘立即组织会议，宣布了两条决定："第一，寻找敌兵薄弱的地方突围出去，到湘南开展游击战争；第二，万一突围不成，誓为苏维埃新中国流尽最后一滴血！"

12月12日，红三十四师来到江华桥头铺附近的牯子江渡口，抢渡牯子江。当渡船行到河心时，埋伏在对岸的江华民团猛然向部队开火。陈树湘站在船头，指挥部队快速抢渡。突然，陈树湘腹部中弹，流血不止。此时，剩余不到200人的部队，已伤亡过半，陈树湘和警卫员不幸被俘。

12月18日拂晓，保安团抬着陈树湘赶往道县县城，向上司邀功请赏。押送途中，陈树湘乘敌不备，忍着剧痛，将手伸入腹部伤口处……他壮烈牺牲，时年 29 岁。陈树湘和红三十四师将士坚持战斗到最后一刻，实现了他"为苏维埃新中国流尽最后一滴血"的誓言。

英雄礼赞

三尊塑像的倾诉

一个家的历史可能很单薄，一个政党、一支军队、一个国家的历史却很厚重。

当单薄融入厚重，家史就会更有意义，更值得追寻和铭记。

提起湘江之战，很多人知道"绝命后卫师"红三十四师，知道牺牲时只有 29 岁、"断肠明志"的陈树湘师长。

然而，很少有人知道陈树湘没有子女，就连他在这个世界的唯一一张画像，都是根据战友韩伟将军的口述画出来的。

湘江战役中，红三十四师全师 6000 名官兵，在师长陈树湘率领下英勇完成了阻击敌人、保护党中央的重任。跳悬崖后被树丛拦住的韩伟，成了全师唯一活下来的团以上领导干部。很多年后，韩伟弥留之际，对儿子韩京京说："湘江战役时，我带出的闽西子弟都牺牲了，我对不起他们和他们的亲人……我活着不能和他们在一起，死了也要和他们在一起，这样我的心才能安宁。"

2014 年，陈树湘烈士牺牲 80 周年纪念日前，韩京京请人为陈树湘塑像。三尊塑像，一尊被烈士故乡的长沙博物馆收藏，一尊赠给某部红三连——其前身是陈树湘烈士带过的红四军特务大队，一尊安放在韩京京家中，与父亲的塑像肩并肩，"就像他们当年一起战斗的岁月那样"。

韩京京不止一次地深情告白:"我是陈树湘爹爹的儿子,我是红三十四师的儿子!"

在我们这支从山沟、窑洞、地道、青纱帐、芦苇荡"钻"出来的军队中,孤身一人如陈树湘者不在少数,夫妻兵、父子兵、兄弟兵也屡见不鲜。其实,道理并不复杂:跟随共产党的队伍越走越长。

岂止是命运,更多是信仰!

今天,位于长沙县福临镇的树湘文化广场一角,一面题为"我的29岁"的追思墙上,密密麻麻贴满了参观者手写的感言。苍劲或灵动的字体,记录着当代青年的思考:同为29岁,时代不同,责任相同;怀思先烈事迹,传承红色基因……

什么是家国情怀?共产党人的精神谱系,就是强大国防的支撑和根基。

坚定信仰的无畏战士方志敏

敌人能砍下我的头颅，决不能动摇我的信仰

方志敏（1899年~1935年），江西弋阳人，无产阶级革命家、政治家、军事家，杰出的农民运动领袖，土地革命战争时期闽浙（皖）赣革命根据地和红十军团的缔造者。1923年3月加入中国共产党。1928年1月参与领导弋横暴动，创建赣东北苏区。先后任赣东北省、闽浙赣省苏维埃政府主席，红十军、红十一军政治委员，中共闽浙赣省委书记。2009年9月，方志敏被评为"100位为新中国成立作出突出贡献的英雄模范人物"。

英雄话语

"敌人只能砍下我们的头颅，决不能动摇我们的信仰！因为我们信仰的主义，乃是宇宙的真理！为着共产主义牺牲，为着苏维埃流血，那是我们十分情愿的啊！"

英雄事迹

1923年3月,方志敏入党的第一天,就立下誓言:要一生忠于党。

1934年秋天,方志敏率领红军第七军和第十军组成的抗日先遣队由赣东北出发,开始北上抗日。蒋介石得知方志敏北上抗日的消息后,立即调集大批军队围追堵截。面对敌人的重兵围堵,方志敏带领部队克服艰难险阻,一次又一次地进行周旋反击。1935年1月,部队陷入敌军的包围圈。面对困境,方志敏和战友们始终坚守阵地,没有一人退缩。但因敌众我寡、弹尽粮绝,方志敏不幸被捕。

在狱中,面对敌人的严刑拷打,方志敏宁死不屈。蒋介石的私人秘书亲自找方志敏"谈判",给他许诺高官厚禄,被方志敏拒绝。身心受到极大摧残的方志敏,没有一丝动摇对党和人民的忠诚。

方志敏在极端艰苦的条件下,一方面组织和领导狱中的同志与敌人做顽强的斗争,一方面写下了《狱中纪实》《可爱的中国》等不朽的著作。在《狱中纪实》中,他写了这样一首诗:

敌人只能砍下我们的头颅,
决不能动摇我们的信仰!
因为我们信仰的主义,
乃是宇宙的真理!
为着共产主义牺牲,
为着苏维埃流血,
那是我们十分情愿的啊!

"……我能丢弃一切，惟革命事业，却耿耿在怀，不能丢却。"伟大的共产主义战士方志敏，在1935年8月5日深夜写完了最后一封给全党的信。

次日凌晨，方志敏被押赴刑场，倒在了南昌下沙窝的草地上。

英雄礼赞

"东方魔力"永不过时

甘于清贫者，不可能被功名利禄所诱。

追名逐利者，难以为理想信念而献身。

这是一段广为人知而又耐人寻味的经历。

1936年，美国记者埃德加·斯诺访问延安，看到毛泽东住着简陋的窑洞，周恩来睡的是土炕，彭德怀穿着用缴获的降落伞改制的背心……于是，从中发现了一种独特的力量。他称之为"东方魔力"，并断言这是中华民族的"兴国之光"。

就此而言，方志敏烈士的《清贫》也是"东方魔力"与"兴国之光"的生动写照："清贫，洁白朴素的生活，正是我们革命者能够战胜许多困难的地方。"

红星为什么照耀中国？斯诺的发现并不是偶然的。他在国民党统治区看到的是官僚腐败、民不聊生，而在延安红军将士身上看到的是艰苦朴素、夙夜在公。决定、支配"延安作风"的这种"思想"和"天命"，就是被共产党人视为命脉和灵魂的信仰。正是因为有了它，方志敏才坦言："敌人只能砍下我们的头颅，决不能动摇我们的信仰！"

今天,信仰的话题为何变得沉甸甸?

中国共产党并不提倡人为的"为吃苦而吃苦"。改革开放初期,邓小平同志曾说"只讲精神不讲物质,对少数人可以,对多数人不行;短时间可以,长时间不行。"

但是,纵观古今,"清贫"一词中的"清"字,作为一种精神品格,永远值得褒扬。如果说,过去时代以"清贫"为美德,那么当今时代和未来社会当以"清富"为时尚。所谓"清富"有两大表征,恰如被誉为日本"经营指导之神"的船井幸雄在其《清富思想》一书中所言:一是厚德清心,一是富而不骄。

国力衰微、积贫积弱的时候,人们在寻找信仰;国力增强、兴旺发达的时候,人们在为坚守信仰殚精竭虑。

回望来路,对今天的中国而言,"东方魔力"永不过时——它既是革命前辈留给后人的宝贵精神财富,也是足以引领中国前行的灵魂拷问。

人民的英雄刘志丹

敌人越少越好，朋友越多越好

刘志丹（1903年~1936年），陕西保安（今志丹）人，中国工农红军高级将领，杰出的无产阶级革命家、军事家，西北红军和西北革命根据地的主要创建人之一。1936年4月14日，在山西中阳县三交镇战斗中牺牲，年仅33岁。1996年，被中共中央军事委员会确定为中国人民解放军36位军事家之一。2009年9月，被评为"100位为新中国成立作出突出贡献的英雄模范"。

英雄话语

"革命要建立统一战线，敌人越少越好，朋友越多越好，我们增加一份力量，敌人就减少一份力量。"

英雄事迹

1936年4月的一天，刘志丹奉命率领红二十八军前往三交镇，消灭驻守在三交镇的阎锡山部队。这位曾经驰骋疆场的英雄万万没有想到,他将在这里完成生命中的最后一战。

中阳县三交镇是中阳县境内的一个比较重要的渡口,镇周围构筑了坚固的工事,有阎锡山的重兵防守。这天晚上,攻打三交镇的战斗打响。此时,刘志丹整个晚上都没有合眼。

第二天清晨,三交镇周围的大部分阵地都被红军占领了。刘志丹听说还有个团的进攻不顺利,就亲自跑到前沿去指挥。这时,困守三交镇东北方向一座山头上的敌军,用机枪封锁红军前进的道路,在此观察敌情的刘志丹被敌人的子弹击中了他的左胸,刘志丹昏迷过去。在战友们的呼喊声中,刘志丹微微睁开眼睛,断断续续地说:"让宋政委……指挥部队,赶快消灭敌人……"等医生赶来时,他已经停止了呼吸,年仅33岁。

得知军长刘志丹牺牲的噩耗后,正在前线指挥所的红二十八军政委宋任穷急忙赶到前沿阵地,双手抱着刘志丹,泪流满面。战士们怀着沉痛的心情和满腔的怒火,长短枪一齐开火,迅速拿下了阵地。

刘志丹牺牲后,周恩来亲自扶灵入殓,陕北高原数千人集会隆重悼念。毛泽东亲笔题词:"我到陕北只和刘志丹同志见过一面,就知道他是一个很好的共产党员。他的英勇牺牲,出于意外,但他的忠心耿耿为党为国的精神永远留在党与人民中间,不会磨灭的。"周恩来的题词是:"上下五千年,英雄万万千。人民的英雄,要数刘志丹。"

英雄礼赞

江山就是人民

1943年,刘志丹牺牲七周年时,毛泽东亲笔题词:"群众领袖,人民英雄。"

被毛泽东称为"群众领袖"的，还有刘志丹的战友——习仲勋。

1945年，抗日战争胜利，中共中央原西北局书记高岗接受党中央的命令，率领一批干部离开延安，奔赴东北，开辟东北解放区。在遴选西北局书记一职时，毛泽东说："我们要选择一个年轻的担任西北局书记，他就是习仲勋同志。他是群众领袖，是一个从群众中走出来的群众领袖。"

这一年，习仲勋32岁，时任中共中央组织部副部长。

刘志丹若地下有知，大概不会想到，就在他牺牲26年后，1962年9月，在中共八届十中全会上，习仲勋因所谓"《刘志丹》小说问题"，遭康生诬陷，在"文化大革命"中又受到残酷迫害，被审查、关押、监护长达16年之久。

"群众领袖"胸怀博大，不会对个人得失斤斤计较。

当年在陕北根据地，少数老同志中曾有一种议论："陕北救了中央。"习仲勋严正指出："这句话应该倒过来：'中央救了陕北。'"他用事实说明："要不是毛主席'刀下留人'，我早已不在人世。他们（'左倾'机会主义者）已给刘志丹和我们挖好了活埋坑。"

"群众领袖"信念坚定，不会被眼前的困难所吓倒。

习仲勋被审查、关押、监护期间，始终保持坚定的共产主义信念。党的十一届三中全会后，习仲勋从主政广东到担任第五届全国人民代表大会常务委员会副委员长，又以解放思想、实事求是、开拓创新的卓越胆识为党和国家做出了重大贡献。

1999年，新中国成立50周年大典，习仲勋在天安门上观礼时感慨："江山就是人民，人民就是江山。"

这番话言简意赅，寓意深邃，富有哲理，与刘志丹当年"敌人越少越好，朋友越多越好"的论断遥相呼应，道出了古今中外一条颠扑不破的真理。

抗日女英雄赵一曼

一世忠贞兴故国，满腔热血沃中华

赵一曼（1905年~1936年），四川宜宾人。中共党员，抗日民族英雄，曾就读于莫斯科中山大学，毕业于黄埔军校六期。1935年担任东北抗日联军第三军二团政委，1936年8月英勇就义。2009年9月，赵一曼被评为"100位为新中国成立作出突出贡献的英雄模范人物"。

英雄话语

"誓志为国不为家，涉江渡海走天涯。男儿岂是全都好，女子缘何分外差？一世忠贞兴故国，满腔热血沃中华。白山黑水除敌寇，笑看旌旗红似花！"

英雄事迹

1926年夏，赵一曼加入共产党，九一八事变后被调往东北，在沈阳工厂参与与领导抗日战争，1933年10月任哈尔滨工会代理书记。1934年春，赵一曼奉命建立了抗日游击队，配合主力部队抗击日军，第二年9月，兼任了东北抗日联军第三军一师二团政治委员。

1935年11月，赵一曼为掩护部队突围时腿部负伤，在昏迷中被俘。日本鬼子为了从赵一曼口中获取有价值的情报，在审讯过程中动用了各种惨无人道的酷刑。然而，赵一曼始终坚贞不屈，坚决捍卫党的尊严，不吐露半点党的秘密。日本鬼子见实在无法撬开赵一曼的嘴，决定将她处死。

1936年8月2日，赵一曼被押上了去珠河的火车。在押解的途中，赵一曼为年幼的儿子写下了饱含深情的反满抗日的遗言书。

宁儿：

  母亲对于你没有能尽到教育的责任，实在是遗憾的事情。母亲因为坚决地做了反满抗日的斗争，今天已经到了牺牲的前夕了。母亲和你在生前是永久没有再见的机会了。希望你，宁儿啊！赶快成人，来安慰你地下的母亲！我最亲爱的孩子啊！母亲不用千言万语来教育你，就用实行来教育你。在你长大成人之后，希望不要忘记你的母亲是为国牺牲的！

一九三六年八月二日

你的母亲赵一曼于车中

在小北门外刑场上，赵一曼奋力高呼："打倒日本帝国主义！""中国共产党万岁！"她视死如归，从容就义，年仅31岁。

英雄礼赞

血总是热的

1982年，赵一曼的儿子陈掖贤辞世前，没给子女留下任何家产，只有寥寥几行话："不要以烈士后代自居，要过平民百姓的生活，不要给组织上添任何麻烦。以后自己的事自己办，不要给国家添麻烦。记住，奶奶是奶奶，你是你！否则，就是对不起你奶奶。"

2008年初，日本《朝日新闻》采访陈掖贤的女儿陈红，希望她到赵一曼故居做画面介绍。陈红说："我听了你们的采访计划，表面上看是好的。可是，你们国家对侵华战争死不认罪的态度，你能如实报道吗？对不起，我不能接待你们。"

在这之前，一位日本老兵也曾希望得到赵一曼后人的原谅，落个"功德圆满"，遂请来电视台全程跟踪拍摄。他万万没想到，陈红拒绝了他的经济补偿："金钱不能赎回战争的罪恶，请你收回去！"日本老兵悻悻而退。

血总是热的！有着和赵一曼烈士一样外貌的后人，同样也有一腔热血、一颗倔强的心。

赵一曼是在东北参加抗日而牺牲的，东北人民对她格外敬重，常有东北的单位请陈红去讲奶奶的故事。每每接到这样的邀请，陈红不计任何成本也要去。

在宣讲现场，陈红经常被层层的人群围住，人们希望听到更多关于赵一曼的细节。每到这时，陈红总会充满激情和力量："奶奶是一个弱女子，她甚至给自己取的字都为'淑宁',希望安宁平静地生活,但时代没有给她一个安宁的立锥之地。她没有屈服,而是选择了反抗,选择了一种为更多人的安宁而不惜牺牲的信念,成就了一项伟大的事业。"

血总是热的!陈红一次次与奶奶的灵魂"对话",传递给我们的正是一种信念:任何时代都需要赵一曼这种敢于担当的信念,有了这份信念,一个人方能成为优秀的人,一个民族方能成为伟大的民族。

坚决革命的同志董振堂

我们流血牺牲不就是为了孩子吗？

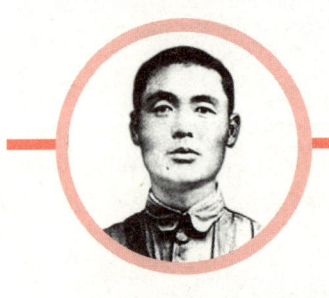

董振堂（1895年~1937年），河北新河人，1923年毕业于保定陆军军官学校。1931年率部在江西宁都举行武装起义，参加红军。1932年加入中国共产党，1934年10月，率部参加长征，担任全军后卫，曾率部三过草地，多次完成阻击国民党军的任务。先后担任中国工农红军第五军团副总指挥兼十三军军长、红五军军长。1937年1月，英勇牺牲。2009年9月，董振堂被评选为"100位为新中国成立作出突出贡献的英雄模范人物"。

英雄话语

"你们瞪什么瞪？我们流血牺牲不就是为了孩子吗？"

英雄事迹

1931年，董振堂在冯玉祥的部队担任第二十六路军第七十三旅旅长。

善使阴谋的蒋介石企图把董振堂调往江西"剿共",让他和这支杂牌军一起与红军拼杀。董振堂洞察到蒋介石的阴谋后,坚决拒绝南下。

蒋介石精心设计的第三次"围剿"失败了,国民党第二十六路军随即转移到被红色政权控制的宁都地区。

九一八事变发生后,整个东北三省被日本占领。迷茫之际,红军强有力的抗日宣传动员和区别于国民党反动派的革命活动,使董振堂找到了方向,看到了中国的希望。1931年12月14日,董振堂和赵博生、季振同等率部在宁都起义,加入红军革命队伍。

一天,董振堂指挥部队阻击国民党追兵。这时,邓发的妻子陈慧清突然分娩。敌人越来越多,阻击战打得异常激烈。眼看就要顶不住了,董振堂拎着枪冲过来急切地问:"生孩子还需要多长时间?"而此时,陈慧清难产,身边没有医护人员,几个红军小战士没人能回答出准确时间。董振堂扭头返回阵地。就这样,战士们又坚持阻击敌人三个多小时,直到陈慧清把孩子生下来。战斗结束后,一些战士对陈慧清怒目而视,因掩护她生孩子,牺牲了很多战友。见此情景,董振堂大声喝道:"你们瞪什么瞪?我们流血牺牲不就是为了孩子吗?"

1936年10月,董振堂奉命率领所属部队西渡黄河,执行宁夏战役计划。马步芳、马步青集中五个旅约两万人的兵力,包围了刚刚被董振堂率部解放的高台县。面对近十倍于己的敌人,董振堂率部昼夜血战,3000余人全部牺牲。董振堂双手持枪,带领警卫员跳下城墙与敌人苦战,战至弹尽,壮烈牺牲。

董振堂牺牲后,中共中央在宝塔山下为董振堂举行了隆重的追悼会,毛泽东参加了董振堂的追悼会,动情地说"路遥知马力",称董振堂是"坚决革命的同志"。

英雄礼赞

真心英雄大丈夫

当年，鲁迅先生发出"救救孩子"呼声的时候，曾经为"成人们"指出了一条路：肩住了黑暗的闸门，放他们到宽阔光明的地方去！

董振堂和红军官兵为掩护女红军生孩子而"拼一个团"的故事，人们早已耳熟能详，可每每读来还是禁不住热泪盈眶。

鲁迅与董振堂，真心英雄大丈夫！

生一个孩子"拼一个团"，值吗？

——这真是一个两难选择！

答案，其实早在人们心中。

1949年4月22日，一位大辫子小姑娘"我送亲人过大江"的无怨无悔，就是回答。

渡江战役，万船齐发。身材瘦弱的她拼尽全力，使劲儿划桨，汗水一滴滴挂在额头也顾不上擦拭。新华社军事记者当即拍摄下这一幕，一个永恒瞬间从此被定格在历史记忆中。

贺龙的女儿贺捷生，作为全程亲历长征的"马背婴儿"，步入耄耋之年后常常有一种幻觉，漫漫长夜半梦半醒，一种声音若有若无、时断时续、或远或近地回荡在耳边：滴答滴答滴答，滴答滴答滴答……年复一年，日复一日，像春风，像潮汛，像十二月的雪花那般凌空飘来。终于，她记起来了，她记起来了，是马蹄声！马蹄声声入梦来，让贺捷生更加明白：父辈当年革命为了啥？我们今天建设依靠谁？

两幅画面对比，让人五味杂陈：同样是面对相机，叙利亚4岁小女孩"举手投降"，惊恐的眼神令人心痛不已；而中国小女孩，在海军保护下踏上归国之途，脸上洋溢着灿烂笑容。

我们无意于对比和渲染什么，家国遭受外侵时，中国孩子的悲惨遭遇不乏其例。

放眼全球，一个沉重的现实话题不容回避：当今世界并不太平！

纵观历史，一种真切体验不必掩饰：生活在一个安定的时代多么幸福！

少年中国，大美国防！

少年与国防，"一个都不能少"！

为了孩子，为了孩子的孩子，让我们行动起来，当一个名副其实的真心英雄，做一个有责任、有担当的大丈夫！

宁死不屈的抗日英雄陈若克

我是中国人，决不能在强盗面前躺着死

陈若克（1919年~1941年），祖籍广东顺德，出生于上海。16岁参加上海工人运动，17岁加入中国共产党。曾任晋冀豫党委党校组织科副科长、八路军山东纵队直属科科长、中共山东分局妇女委员、山东妇女救国联合会常委、中共山东分局组织部科长等职。1941年11月7日被俘，受尽酷刑后，被日军用刺刀扎死，年仅22岁。

英雄话语

"我们母女，宁可饿死，也不会像狗一样活着！""站住，我要抱着孩子自己走！我是中国人，决不能在强盗面前躺着死！"

英雄事迹

1941年11月4日，日寇出动重兵，将八路军兵工厂、弹药库、粮库所在地大崮山突然包围。此时的陈若克临近分娩，她拖着沉重的身子，与守山部队鲁中军区独立团团长袁达、政委于辉，一道率部与敌周旋。

7日深夜，陈若克在警卫员搀扶下，艰难地走了几个钟头，冲出了鬼子的包围圈。拂晓前，她的腹中传来一阵剧烈的疼痛，实在坚持不住了，就让警卫员到村里找个妇女帮忙接生，还没等警卫员回来，女儿就出生了。婴儿的啼哭声引来了一队端着刺刀的鬼子。

陈若克被捕了。日寇宪兵队对陈若克严刑拷打。然而，"老虎凳""火铲子""皮鞭""辣椒水"等酷刑，却始终无法让这位坚强的共产党员、抗日英雄屈服。最后，他们只好对陈若克下毒手。

1941年11月26日，鬼子用门板抬着昏迷过去的陈若克和她的女儿，向沂水城西沂河滩刑场走去。刚出沂水城，陈若克在门板上苏醒了过来，她看了一下四周，知道自己与女儿的生命到了最后时刻。她用自己最后的力气喊道："站住，我要抱着孩子自己走！我是中国人，决不能在强盗面前躺着死！"

陈若克钢铁般的喊声，把押送她的鬼子、汉奸惊呆了，他们不自觉地站住了。

遍体鳞伤，绝食数日，本已无力站起的陈若克，凭着钢铁般的意志从门板上下来站定，用血肉模糊的双手拢了拢蓬乱的头发，扯了扯被打碎的衣服，抱起女儿，一步一步向刑场走去，在鬼子的刺刀下壮烈牺牲。她的孩子也没能幸免于难，母女俩把热血洒在了沂蒙革命老区的千里沂河滩上。陈若克时年22岁，女儿出生还不到20天。

英雄礼赞

牛奶与鲜血的取舍

陈若克的丈夫朱瑞将军，在我军历史上享有"炮兵之父"的美称，毛泽东主席评价他是"中国的炮兵元帅"。

1942年7月7日，是朱瑞与陈若克订婚四周年纪念日，也是全面抗日战争爆发五周年纪念日。这一天，恰好是陈若克牺牲的第222天，时任中共中央山东分局书记的朱瑞写了一篇悼念爱妻的文章。

其中写道："她死得太早，因她才廿二岁！"

朱瑞和陈若克前后两个孩子，都为革命而牺牲。第一个孩子，在前一年的日寇"扫荡"中因病重失治而夭折。第二个孩子，牺牲时仅出生不到20天。

陈若克被捕后，敌人不顾她刚刚分娩、身体孱弱，毫无人性地一再拷打，但她态度坚决、宁死不屈。敌人见拷打不成，便在刚出生的孩子身上打主意。据狱友回忆，敌人拿来牛奶给孩子吃，陈若克将牛奶摔在地上。

临刑那天，面对嗷嗷待哺的孩子，陈若克伸出流血的手，一边让孩子吮吸，一边对着孩子说："孩子啊，你来到世上，没有喝妈妈一口奶，现在就要和妈妈一起离开这个世界，你就吸一口妈妈的血吧！"

此情此景，怎能不令人肝肠寸断！

为人父母者，谁不希望自己的孩子健康快乐、长命百岁？惨无人道的侵略者剥夺了这份爱的本能。

陈若克将牛奶摔在地上的那一刻，把流血的手放在孩子嘴边的那一刻，伟大的母爱中饱含着多少对国家、对民族的大忠大义！

牛奶与鲜血的取舍，见证了一个弱女子的刚强。

牛奶与鲜血的取舍，见证了一名女战士的坚贞。

爱孩子，爱祖国。陈若克用母女两人的生命，共同表达对祖国的忠贞。她尽到了一名战士的本分，不屈不挠，战斗到生命的最后一刻。

令人痛心的是，1948年10月1日，陈若克的爱人朱瑞将军，在辽沈战役攻克义县的战斗中壮烈牺牲，倒在了新中国的门槛之外。

他们一家四口为新中国的诞生付出了宝贵的生命，人民永远不会忘记。

著名爱国华侨领袖陈嘉庚

中国的希望在延安

陈嘉庚（1874年~1961年），福建省泉州府同安县集美社（今福建厦门集美区）人，著名爱国华侨领袖，企业家、教育家、慈善家、社会活动家。1949年，应毛泽东主席的邀请回国参加政协筹备会。曾任中国人民政治协商会议全国委员会副主席、中华全国归国华侨联合会主席等职。曾被毛泽东称誉为"华侨旗帜、民族光辉"。2009年9月，被评为"100位为新中国成立作出突出贡献的英雄模范人物"。

英雄话语

"延安让我如拨云雾见青天，中国的希望在延安，为我大中华民族庆幸！"

英雄事迹

1940年春，旅居新加坡的爱国侨领陈嘉庚率团回到祖国慰问抗日军民，第一站是战时首都重庆。蒋介石十分重视，下令不惜一切代价做好接待工作，务必让客人满意。

按照蒋介石的指示，国民政府成立了阵容庞大的欢迎委员会。陈嘉庚在重庆的60多天里，每天被迫在各种宴会中疲于奔命，国民党的高级干部无不以陪陈嘉庚吃饭为荣。陈嘉庚失望地说："前方吃紧，后方紧吃。"

随后，陈嘉庚不顾蒋介石的阻挠，毅然奔赴延安慰问。

1940年6月1日晚，毛泽东设宴款待陈嘉庚。没有地毯、鲜花、美酒、刀叉，不拘礼仪，而且是露天的，地点就在毛泽东的窑洞外。餐桌更特别，一个旧圆桌放在破旧的小方桌上。桌面坑坑洼洼，铺了几张旧报纸以代替桌巾。吃的是毛泽东自家菜园子里种的西红柿、豆角，唯一的荤菜是一只鸡。

毛泽东解释说："我没有钱买鸡，这只鸡是邻居大娘知道我有远客，特地送来的。母鸡正下蛋，她儿子生病还舍不得杀呀！"

陈嘉庚听后大为震动，差点落泪。这个山沟里的党的质朴廉洁，官民关系的水乳交融，还有上上下下饱满向上的精神状态，跟重庆的腐朽堕落截然不同，这让他眼前一亮。

这天晚上，陈嘉庚悄悄对秘书张楚琨感慨：蒋介石像皇帝，毛泽东像农民，得天下者，共产党也！

一回到重庆，陈嘉庚马上召开记者会，直截了当地告诉全国人民："延安让我如拨云雾见青天，中国的希望在延安，为我大中华民族庆幸！"从此，陈嘉庚与国民党分道扬镳，南洋华侨的捐献源源不绝地流向中共领导下的抗日根据地。

英雄礼赞

国人应该永记延安的好

提及延安，不期然地想到两个历史镜头：

一个是知识青年奔赴延安，一个是毛泽东与黄炎培的"窑洞对"。

抗战时期，奔赴延安的知识青年是一道独特风景线。诗人何其芳描述道："延安的城门成天开着，成天有从各个方向走来的青年，背着行李，燃烧着希望，走进这城门。学习，歌唱，过着紧张的快活的日子。"

"窑洞对"时，民主人士黄炎培提出"历史周期律"问题。毛泽东回答："我们已经找到新路，我们能跳出这周期律。这条新路，就是民主。"

延安为什么像一块巨大的磁石，把许多追求进步、有理想有抱负的青年吸引来了？丁玲说，这里"没有乞丐"。吴印咸说，这里是"梦寐以求的理想所在"。毛泽东的答案则是，延安做到了"十个没有"：一没有贪官污吏，二没有土豪劣绅，三没有赌博，四没有娼妓，五没有小老婆，六没有叫花子，七没有结党营私之徒，八没有萎靡不振之气，九没有人吃摩擦饭，十没有人发国难财。

"有"与"没有"相统一，才是陈嘉庚把延安看作"中国希望"的根本原因：在这里，有理想，有信仰，有民族的希望；没有官僚作风，没有不良风气，没有萎靡不振。

1973年6月，周恩来总理陪越南外宾参观延安，他趁机考察了延安的经济社会发展和人民生产生活情况。看到当地群众生活十分困苦，老人家难过得流下眼泪。当晚，他主持召开陕西省党政负责人会议，痛心地说：

"没有想到,延安人民的生活还这样苦!"他略做停顿,又说:"我是总理,全国当家的,这个家没管好,有责任呀。我对不起延安人民。"

今天,延安已经彻底摆脱贫困,周总理九泉之下有知,当为之欣慰。

未来,国人应该永记延安的好。一个曾经名不见经传的陕北小城,因对中国革命有功、对中国民主有功而永载史册。回望延安,就是回望我们的初心。

全心全意为人民服务的张思德

为了人民的利益，拼命也要把炭烧好

张思德（1915年~1944年），四川仪陇人，1933年12月参加红军，1937年10月加入中国共产党，曾担任中央军委警卫营通信班班长和毛泽东的警卫战士。1944年9月5日，他带领战士们在陕北安塞县执行烧炭任务时，为救战友英勇牺牲，年仅29岁。毛泽东亲自参加追悼会，亲笔题写了"向为人民利益而牺牲的张思德同志致敬"的挽词，并发表了著名的讲演《为人民服务》。2009年9月，张思德被评为"100位为新中国成立作出突出贡献的英雄模范人物"。

▍英雄话语

"请领导和同志们放心，我是共产党员，为了人民的利益，就是拼出命，也要把炭烧好！"

英雄事迹

张思德是四川省仪陇县六合场（今思德乡）人，1915年出生于一个贫苦农民家庭，1933年12月参加中国工农红军。1935年6月，红四方面军在川西懋功与中央红军会师后，张思德被编入左路军当战士，次年担任通信营班长。1937年春，张思德在战斗中三次负伤，痊愈后被调至八路军荣誉军人学校学习。其间，张思德光荣地加入中国共产党。

1939年春，张思德随部队到延安，修建八路军大礼堂。在架大梁时，他临危不惧，勇敢地排除险情，避免了一次坍塌亡人事故。当时，毛泽东与朱德两位中央领导正在现场巡视，目睹这一情景后，毛泽东高兴而又感慨地表扬道："这个战士值得我们学习！"不久，张思德就被调到中央军委警卫营任通信班班长。他工作认真负责，在带领全班完成机要通信、站岗放哨、开荒生产等各项任务中成绩优异。

1942年秋，党中央决定将中央军委警卫营和中央教导大队合并成中央警备团，当了七年班长的张思德被选调到一连三排四班当战士。他愉快地服从组织安排，在毛泽东内卫班执行警卫任务。

1944年，张思德积极参加大生产运动，并担任副队长；7月，进陕北安塞县山中烧木炭。他处处起模范带头作用，每到出炭时都争先钻进窑中作业。9月5日，张思德与战士小白在挖掘时，炭窑突然坍塌，张思德不幸光荣牺牲。

英雄礼赞

为民服务立国纲

老百姓有句大实话"干啥就吆喝啥"，这是一条朴素的真理。据张思德的战友回忆，张思德当过勤务员、通信员、警卫员，也搞过生产，先后三次烧木炭，他还经历过两万五千里长征，党叫干啥就干啥。让当班长他就当好班长，后来因工作需要改为战士，他仍然勤勤恳恳，兢兢业业，任劳任怨，不计得失。

张思德烧炭比一般人烧得要好。

烧窑是个技术活，火要烧得均匀，压火要恰到好处。压火早了，烧出来的是"生头"，劳而无功；压火迟了，木炭会变成灰烬，前功尽弃。为了掌握火候，张思德吃住在窑边，晚上起来几次爬上窑顶观察烟色，判断火候。没有照明工具，他就在山林里采来一种叫作"牛条条梗"的小灌木，放在窑里烘干，晚上用它来照明。当地群众烧一窑木炭，一般要十天左右，张思德与战友们把烧炭天数缩短为七天。他们的办法是，在压火后木炭尚未完全冷却时出窑，出窑时窑内温度很高，有的木炭上还有火星儿，烤得人脸皮发痛、大汗淋漓。每次出窑，张思德双手包上破布，站到窑的最里边拣木炭。要知道，那是在炎热的夏季时节啊！热上加热，可在他的带动下，一个多月就烧了五万多斤木炭，超额完成任务。

张思德牺牲后，毛泽东主席为什么致悼词、做演讲？这是因为人民领袖和全军统帅从张思德身上，看到了一个共产党员和一名革命战士所具备的朴素而闪光的本质。这种朴素而闪光的本质就是为人民服务，它成为一个政党、一支军队最鲜明的特征。

当年，人民领袖为悼念他而发表著名的演讲《为人民服务》。

几十年过去了，一位老战士在拜谒他的墓地时，又写下一首词，最后两句格外朴实："为民服务立国纲，万代千秋别忘。"

从战争年代到和平时期，薪火相传是精神，军队宗旨永不变：为人民服务。

"生的伟大，死的光荣"的刘胡兰

怕死的不当共产党员

刘胡兰（1932年~1947年），山西文水人，著名的革命先烈，优秀共产党员。刘胡兰14岁被吸收为中共预备党员，15岁英勇就义。毛泽东主席知道后，专门为刘胡兰题字："生的伟大，死的光荣。"2009年9月，被评选为"100位为新中国成立作出突出贡献的英雄模范人物"。

英雄话语

"要杀要砍由你们，怕死的不当共产党员！"

英雄事迹

刘胡兰，1932年10月8日出生于山西省文水县云周西村的一个贫苦农民家庭。

全国抗战爆发后，文水县成立了抗日民主政府，刘胡兰小小年纪就参加了村里的抗日儿童团，为八路军站岗、放哨、送情报。后来，刘胡兰当上了村妇救会秘书，参加了党领导的送公粮、做军鞋等群众支前活动，还动员青年报名参加八路军。1946年6月，刘胡兰被批准为中共候补党员。

1947年1月8日，失败后的国民党军开始对云周西村进行疯狂的报复。敌人抓走了地下交通员石三槐、民兵石六儿、农会秘书石五则等五人。

党组织十分关心刘胡兰的处境，决定派人接她上山。可是，刘胡兰还没来得及动身，国民党反动派的军队就包围了云周西村。年轻的共产党员刘胡兰被捕了。敌人想收买刘胡兰，对她说："告诉我，村子里谁是共产党员，说出一个，给你一百块银圆。"刘胡兰大声回答："我不知道！"敌人又威胁她说："不说就枪毙你！"刘胡兰愤怒地回答："不知道，就是不知道！"敌人把刘胡兰打得鲜血直流。刘胡兰像钢铁铸成似的，一点儿也不动摇。

1947年1月12日，残忍的敌人为了使刘胡兰屈服，把她拉到庙门口的广场上，当着她和乡亲们的面，铡死了同时被捕的六个民兵。敌人指着血淋淋的铡刀说："不说，也铡死你！"刘胡兰挺起胸膛说："要杀要砍由你们，怕死的不当共产党员！"她迎着呼呼的北风，踏着烈士的鲜血，走到铡刀跟前，从容地躺在铡刀下，英勇牺牲，年仅15岁。

毛泽东听到这个消息后，轻声念着"刘胡兰"这三个字，眼睛湿漉漉的，长吁一口气，亲笔为她题词："生的伟大，死的光荣。"

▎英雄礼赞

在后来者的目光里

2020年5月3日，刘胡兰的妹妹刘爱兰在山西太原逝世，享年85岁。疫情期间，后事一切从简。

刘胡兰被敌人杀害时，比刘胡兰小三岁的刘爱兰就在烈士牺牲的现场，目睹了姐姐牺牲的场景。

后来，经贺龙批准，刘爱兰加入中国人民解放军第一野战军西北战斗剧社。她的外貌、举止、神情酷似姐姐，每次演出歌剧《刘胡兰》时，都会同时饰演姐妹两人。一直不爱看戏的彭德怀，坐在木头桩上观看歌剧《刘胡兰》时，一边看一边擦眼泪，指示这个戏要在全军演出。

据健在的亲人和战友回忆，刘胡兰长得俊俏又高挑，15岁时就长到了1.6米多的个子，上门提亲的几乎踏破了门槛。

在后来者的目光里，刘胡兰一直还活着。得知未婚妻刘胡兰被敌人残忍杀害后，王本固愤怒无比，在战场上杀红了眼睛。他不相信，自己深爱着的刘胡兰就这么走了。

在后来者的目光里，刘胡兰充满了朝气。曾经因家庭原因，闹了个定亲"大乌龙"的陈德邻，在80岁的时候曾对记者回忆说，刘胡兰思想开明，也通情达理，不仅两个家庭之间没有产生矛盾，两个青年之间还结下了深厚友谊。

在后来者的目光里，刘胡兰是一个榜样。目睹姐姐刘胡兰牺牲全过程的刘爱兰，当时悲伤得一连几天粒米未进。在此后的几十年里，刘爱兰注定与牺牲的姐姐割舍不开，参军、上学，她一直以姐姐为榜样。中华人民共和国成立后，美术界设计刘胡兰烈士雕像、邮政部门设计印刷刘胡兰的邮票，都要从她的身上寻找刘胡兰的影子。进入太原市农建局工作的刘爱兰常年参加各类重大活动，坚持宣讲刘胡兰英雄事迹。

"革命人永远是年轻"，刘胡兰15岁的样子一直活在后来者的心中。她好比大松树冬夏常青，不怕风吹雨打，不怕天寒地冻，不摇也不动，永远挺立在山顶。

舍身炸碉堡的战斗英雄董存瑞

为了新中国，前进！

董存瑞（1929年~1948年），河北怀来人，1945年参加八路军，共产党员，著名战斗英雄，东北人民解放军第十一纵队三十二师九十六团六连班长。1948年5月25日，在解放河北隆化的战斗中，壮烈牺牲。所在纵队追授他"战斗英雄""模范共产党员"称号，命名他所在班为"董存瑞班"。2009年9月，被评为"100位为新中国成立作出突出贡献的英雄模范人物"。

英雄话语

"为了新中国，前进！"

英雄事迹

1929年10月，董存瑞出生于河北省怀来县南山堡一个贫苦农民家庭。他1945年8月参加八路军，曾任东北人民解放军第十一纵队三十二师九十六团六连班长；1947年3月加入中国共产党。

在人民解放军这座大熔炉里，在革命战争的熊熊烈火中，董存瑞迅速成长为一名光荣的先锋战士。在不到三年的战斗岁月里，他先后立大功三次、小功四次，荣获三枚"勇敢奖章"、一枚"毛泽东奖章"，被提升为班长。他带领全班连续五次夺得练兵流动红旗，而且发明了"院中堡垒"爆破训练法，他们班因此被评为"练兵模范班"。

1948年5月25日，在解放隆化战斗中，董存瑞主动请战，被大家推选为爆破组组长。战斗打响后，董存瑞在战友们的掩护下，一鼓作气炸掉了敌人三座炮楼、五座碉堡。隆化中学的外围被打开后，攻击部队发起冲锋。这时，他们突然遭到敌人一座隐藏桥型暗堡猛烈火力的封锁，部队受阻于开阔地带。二班、四班接连两次对暗堡爆破均未成功。董存瑞再次挺身请战："我是共产党员，请准许我去！"他毅然抱起炸药包，匍匐着冲向敌人的暗堡。桥型暗堡与地面的距离超过身高，两头桥台又无法放置炸药包。危急关头，董存瑞毫不犹豫地用手托起炸药包，拉燃导火索，奋力高喊："为了新中国，前进！"暗堡被炸毁，董存瑞以自己年仅19岁的生命为部队开辟了胜利前进的道路。

1950年9月在全国战斗英雄、劳动模范代表大会上，董存瑞被追授为"全国战斗英雄"。1957年5月29日，朱德总司令为他题词："舍身为国，永垂不朽！"

英雄礼赞

当生命化作一声巨响

随着天崩地裂的那声轰鸣巨响，年仅19岁的董存瑞把生命融入了大地，化为了永恒。

此刻，距离新中国成立仅仅一年多时间。19岁的他，永远地站立在了新中国的门槛之外。

您知道吗？在今天的河北隆化北郊董存瑞陵墓下，埋葬的既非英烈遗骨，又非英烈遗物，而是一块木牌。安葬前，木牌上面用朱砂写着："以此木代替烈士遗骨。"

那次战斗的亲历者程抟九等人回忆，董存瑞拉响炸药包后，大桥北半截被彻底炸毁，战友们只能看到一堆破碎的水泥、砖石。战后，他们徒手扒了很久很久，最终没能找到董存瑞的遗体，哪怕是一块零碎的骨肉、衣服残片……

任谁，都会痛彻心扉！然而，如果让董存瑞重新选择，相信他依然会毅然决然地拉响炸药包——为了新中国，他别无选择！

那一刻，没有退路，没有选择。当笼罩在旧中国上空黑压压的乌云就要被凌厉的罡风驱散，当漫漫长夜的噩梦就要被黎明的曙光取代，一支为着全民族求解放的武装力量在踏着军号开进的时候，却被一簇负隅顽抗的敌人的炮火挡住去路，地堡里的机枪如吐着信子的毒蛇，企图把如火如荼的革命吞噬……

此刻，他一跃而起，在战友们的掩护下，迎着暴雨般密集的子弹，挟着炸药包冲了上去，在无法安放炸药包但冲锋号又一次响起的紧急关头，以身躯作支架高高举起炸药包，毅然拉着了导火索！

罪恶的堡垒连同凶恶的敌人变成了废墟，他的身躯融进了大地，战友们踏着他开辟的通道前进，最终，隆化县城成了欢呼和红旗的海洋。

为什么一个普通的身躯能巍峨成一座山？为什么一个倔强的士兵能耸立成一座碑？那一声高喊就是回答："为了新中国，前进！"

当生命化作一声巨响，便成为一个闪耀着光芒的瞬间。这瞬间，成为中国革命史上一幅永恒的画面，深深地烙在人们的心中，成为让后来者景仰的路标。

深藏功名不忘初心的战斗英雄张富清

党的干部，哪里需要就去哪里

张富清（1924年~2022年），出生于陕西省汉中市洋县马畅镇双庙村，中共党员，原西北野战军三五九旅战士，中国建设银行湖北省分行来凤支行离休干部。他在解放战争的枪林弹雨中九死一生，先后荣立一等功三次、二等功一次，被西北野战军记特等功，两次获得"战斗英雄"荣誉称号。2019年9月17日，国家主席习近平签署主席令，授予张富清"共和国勋章"。

英雄话语

"我是一名党员，党需要我干什么，我就干什么。战场上死都不怕，苦点怕什么？党的干部，哪里需要就去哪里。"

英雄事迹

张富清，原西北野战军三五九旅战士。转业60多年来，他坚守初心、不改本色，深藏功名、为民造福，用自己人生三次选择，诠释了一名共产党员朴实纯粹、淡泊名利的精彩人生。

1924年，张富清出生于陕西省汉中市洋县马畅镇双庙村。1948年3月，张富清曾被国民党军队抓去充当了两年多的杂役。在瓦子街战役中，被"解放"的他没有领遣散费，而是主动要求加入解放军。这是张富清第一次人生选择。

他说："共产党的军队仁义、讲规矩，是真正为劳苦大众打仗的军队，参加解放军就是为自己打仗，为人民打仗。"入伍四个多月，张富清作战英勇，荣立一等功，光荣地加入党组织。

1953年，全军抽调有作战经验的连职及以上军官参加抗美援朝，张富清主动请缨，和战友们马不停蹄地赶赴北京。才到北京，《朝鲜停战协定》签订，这批战斗骨干就被送去学习文化知识。

"刚从战场下来，九死一生，过了几天安稳日子，为什么又争着返回战场？"有人问。

"我们是人民的军队，眼看着要打到中国来了，我们如果不出头，人民就没好日子过了嘛。"这是张富清对自己第二次选择的回答。

1954年12月，张富清从文化速成学校毕业后有多种选择：留在大城市，海阔天空；回陕西老家，可以方便赡养老母。当组织找他谈话时，他当即决定响应党的号召，去鄂西山区最偏远、最困难的来凤县。这是他人生的第三次重要选择。

张富清说："我是一名党员，党需要我干什么，我就干什么。战场上死都不怕，苦点怕什么？党的干部，哪里需要就去哪里。"

为党分忧，为人民谋幸福，是任何时代的共产党员都应有的选择。96岁的张富清坚定地认为，在人生的诸多岔路口中，他选择了最应该走的那条路——跟着党走。

英雄礼赞

"跳火坑"与"点盏灯"

"都知道你朴实勤勉,却不知你曾战功赫赫。你把奖章深藏在箱底,对战友的怀念深藏心底。从不居功索取,只为坚守使命初心,默默奉献。于国于民,你是忠诚伟大的士兵。"

这是张富清荣膺"感动中国 2019 年度人物"时的颁奖词。

绚烂然后归于平淡,所有荣誉和称呼,张富清也许最看重的只有一个:党的干部。

会做群众工作,是党的干部的看家本领。群众工作,既需要"点盏灯",有时候也需要"跳火坑"。所谓"跳火坑",就是要在任何情况下,都要多理解群众,不埋怨群众,在关怀群众中增进感情,以身示范引领群众干。而这样做的目的,就是带领群众把思路打开、把事情办成,也就是为群众"点盏灯"。

当年,延安文安驿公社梁家河大队办沼气池,以解决当地缺煤缺柴不通电的问题。老百姓根本不相信,说沼气怎么可能做饭,还能点灯?担任大队书记的插队知青没有过多解释,而是从四川学办沼气池回来后,带头干了起来,前后忙了 20 多天,终于办成了陕西第一个沼气池。群众当然信了,也跟着干了。

这就说明了"点盏灯"与"跳火坑"的辩证关系:相信和依靠群众,又不做群众的尾巴;教育和引导群众,千万不能站到群众的对立面。

深藏功名的张富清,为什么能够做到"党的干部,哪里需要就到哪里去"?归根结底,就在于他既会给群众"点盏灯",也敢跟着群众"跳火坑"。

敢不敢跟着群众"跳火坑"是一块试金石，能不能给群众"点盏灯"也是一块试金石。敢"跳火坑"，需要不畏艰险的勇气、化险为夷的智慧、自我牺牲的境界；能"点盏灯"，呼唤高人一筹的见识、服务大众的无私、指引方向的气魄。两者完美统一，统一在不掺杂任何杂质的为民情怀上。

这两点，张富清都做到了。他真的就像李白诗歌中的侠客——

"事了拂衣去，深藏身与名。"

特级英雄杨根思

不相信有战胜不了的敌人

杨根思（1922年~1950年），江苏泰兴人，中国人民解放军战斗英雄，中国人民志愿军第一位特等功臣和特级战斗英雄，中国人民志愿军第一位"朝鲜民主主义人民共和国英雄"。历任新四军副班长、班长、排长，解放军副连长、连长等职。先后参加淮海战役等大小数十次战役战斗，多次荣立战功。1950年10月，杨根思随中国人民志愿军赴朝参战。同年11月29日，在朝鲜战场阻击美军南逃战斗中壮烈牺牲，时年28岁。中华人民共和国成立60周年前夕，被评为"100位新中国成立以来感动中国人物"。

▎英雄话语

"不相信有完成不了的任务，不相信有克服不了的困难，不相信有战胜不了的敌人。"

▎英雄事迹

1950年10月，抗美援朝战场上的志愿军后方运输线，因遭到敌机日夜轰炸，后勤供应不上，战士们忍冻挨饿。作为志愿军某部连长的杨根思鼓舞大家说："不相信有完成不了的任务，不相信有克服不了的困难，不相信有战胜不了的敌人。"

1950年11月，杨根思奉命率领一个排扼守下碣隅里外围1071.1高地东南小高岭，负责切断美军南逃退路。29日，号称"王牌"军的美军陆战第一师开始向小高岭进攻，猛烈的炮火将大部工事摧毁。他带领全排迅速抢修工事，做好战斗准备。待美军靠近到只有30米时，他带领全排突然射击，迅猛地打退了美军的第一次进攻。

战士们短暂休整之后，敌人两个连的兵力在11辆坦克的掩护下，又向小高岭阵地扑来了。杨根思带领大家冲入敌阵，用刺刀、枪托、铁锨与敌人展开拼杀，再次将美军击退。

上午10时，敌人发起第八次冲锋后，阵地上只剩下杨根思一个人了，他拾起可用的枪支和一个炸药包放在身边，隐蔽起来，密切监视着敌人的动向。

敌人又开始猛攻小高岭了。当他们向山头疯狂扑来时，杨根思猛地站起来，拉着了炸药包导火索冲向敌群。"轰"的一声巨响，天空泛起了一团红光，照得小高岭分外庄严。杨根思与敌人同归于尽，勇士辉煌化金星，敌人腐烂变泥土。

英雄礼赞

说"不"的底气从哪里来

对新中国而言，抗美援朝战争就像一道分水岭。

中国共产党第一代领导人统率下的中国军队，与世界头号军事强国及另外15个国家组成的"联合国军"殊死较量，打出了国威、军威，打出了中国人的精气神！

这是世界认识当代中国的历史性分水岭，也是亚非拉国家认识当代中国的历史性分水岭，更是中国人自己认识当代中国的历史性分水岭。

杨根思作为牺牲在抗美援朝战场上的英雄，他的"三个不相信"，令人肃然起敬！

近些年来，有人罔顾事实，对抗美援朝战争的必要性和是否胜利提出疑问，认为战争起于"三八线"终于"三八线"，充其量只能算个平局。

此言大谬矣！

严格地讲，"朝鲜战争"与"抗美援朝战争"是两个不同的概念。朝鲜战争从"三八线"开始，最终又基本回到原地，的确以平局结束。抗美援朝战争却是从鸭绿江边开始，最后取得将世界上技术水平最强的对手击退500千米的辉煌胜利。

辉煌胜利的奥秘，除了第一代中国共产党领导人的正确决策和科学指挥外，还在于有杨根思这样的一大批英雄。据不完全统计，整个抗美援朝战争中，与敌人同归于尽的杨根思式英雄有44名。

杨根思的"三个不相信"，有其历史必然。

反观整个中国近现代史，山河破碎时，我们的国家和人民就像一盘散沙；国内革命战争的变局中，更见歧路惶恐间的挣扎与徘徊；共产党人的伟大历史自觉，则犹如一簇星火；抗战胜利，为国家和人民赢得重生……正是在这样的基础上，鸟瞰钩沉抗美援朝，我们蓦然发觉：雄狮真正醒来！

西方侵略者几百年来只要在东方一个海岸上架起几尊大炮就可霸占一个国家的时代，是一去不复返了！

"三个不相信"，是中国人说"不"的生动体现。

今天，任何一个国家如果想把它的意志强加在中国共产党和中国人民头上，无异于痴人说梦：中国人不吃这一套！

国际主义战士罗盛教

不要在我的尸体面前停留，应该继续勇敢前进

罗盛教（1931年~1952年），湖南新化人，1949年11月入伍，生前系中国人民志愿军第四十七军一四一师直属侦察连文书。1952年1月，为救跌进冰窟的朝鲜少年崔莹英勇献身。朝鲜民主主义人民共和国最高人民会议常任委员会授予罗盛教一级国旗勋章和一级战士荣誉勋章。中国人民志愿军总部为罗盛教追记特等功，授予他"一级爱民模范"荣誉称号。2009年9月，罗盛教当选"100位新中国成立以来感动中国人物"。

英雄话语

"当我被侵略者的子弹打中以后，希望你不要在我的尸体面前停留，应该继续勇敢前进。"

英雄事迹

1949年，罗盛教的家乡解放了。这年11月，他参加了中国人民解放军，成为湘西军政干部学校的一名学员。

1951年4月，罗盛教响应党的号召，参加了中国人民志愿军，随部队奔赴朝鲜，担任了志愿军第四十七军一四一师直属侦察连文书。

1952年1月2日清晨，罗盛教和战友宋惠云一起在河边练习投掷手榴弹。隆冬季节，河边却传来阵阵笑声。原来，河面已被厚厚的冰雪盖住，几个儿童正在滑冰。忽然，传来呼救声，有人掉进冰窟窿啦！罗盛教闻声直冲过去。他一边跑一边飞快地脱掉上衣，跳进了冰河里。过了好一会儿，罗盛教才浮出河面，深深吸了口气，又钻进水里。又过了一会儿，罗盛教终于将落水的孩子托出水面。

当少年两臂扒住冰面往上爬时，突然"哗啦"一声，冰塌了，少年又落入水中。这时，罗盛教全身冻得发紫，体力已快消耗殆尽。他又一次潜入水中，过了好久才用头和肩将少年顶出水面。这时，宋惠云已将一根木电线杆拖到河边，少年抱住电线杆被拉上了岸。人们急切地等待着罗盛教，然而，他却再也没有上来。为抢救落水的朝鲜儿童，罗盛教英勇献身。

1952年2月，中国人民志愿军领导机关为罗盛教追记特等功，同时授予他"一级爱民模范"和"特等功臣"称号。1953年6月25日，朝鲜民主主义人民共和国最高人民会议常任委员会授予他一级国旗勋章及一级战士荣誉勋章。

英雄礼赞

"生命至上"无国界

2020年11月，英国驻重庆总领事馆总领事史云森在中国救下落水女孩一事，引发广泛关注，网民一片点赞。外交部发言人也表示，这位领事见义勇为的举动值得赞扬，要给他点个大大的赞。

生命至上，不分国界。其实，早在 70 多年前，罗盛教就已经用行动做出了精彩回答。

中国人民志愿军作为胜利之师，首先是仁义之师、文明之师。坚持生命至上和人民利益至上，是全体志愿军将士自觉自愿的价值追求。

那是在罗盛教英勇献身一年多后的事情。1953 年 12 月 1 日，朝鲜已经停战。中国人民志愿军铁道军管总局第一大队警卫战士，护送来自国内的慰问团到连队演出，完成警卫任务后战士们奉命返回部队。黄昏时分，路遇在雪橇上滑冰的朝鲜儿童落入冰窟，一名警卫战士挺身而出，紧急施救。儿童获救了，警卫战士却永远闭上了眼睛，年仅 24 岁。

这名警卫战士名叫史元厚，山东长清人。他被誉为"罗盛教式的国际主义战士"。

尤其值得一提的是，在整个抗美援朝战争期间，志愿军涌现出一大批英雄模范，其中罗盛教式的烈士就有史元厚、王全江、朱魁元等六人。

前两年，人们又发现了一位"活着的罗盛教"，家在浙江省东阳市虎鹿镇葛宅村的志愿军老战士葛锡苍——因为勇救落水儿童，他还受到金日成主席接见，其立功奖状上庄严地写着"罗盛教式的国际战士"几个大字。

古人云"爱人利物之谓仁"，这是中华民族的传统美德，也是国际主义战士的一个"标配"。

那些牺牲的和活着的"罗盛教"们，告别祖国和亲人，远在异国他乡，既要与战场上的强敌殊死战斗，又要全心全意为朝鲜人民服务。

他们用无悔的选择和行动昭告世人：坚持生命至上的人，为了更多宝贵生命，哪怕付出生命也在所不惜；爱人民的军队，同样会赢得人民的爱戴。

舍身堵枪眼的战斗英雄黄继光

坚决完成任务争取当英雄

黄继光（1931年~1952年），四川中江人，中共党员，生前系中国人民志愿军步兵一三五团二营通信员，1951年3月参加抗美援朝战争。上甘岭战役中壮烈牺牲，年仅21岁。被中国人民志愿军总部追记特等功，追授"特级英雄"荣誉称号。朝鲜民主主义人民共和国最高人民会议常任委员会追授他"朝鲜民主主义人民共和国英雄"称号和金星奖章、一级国旗勋章。2009年9月，当选"100位新中国成立以来感动中国人物"。

▌英雄话语

"坚决完成上级交给的一切任务，争取立功当英雄，争取入党。"

▌英雄事迹

1931年，黄继光出生于四川省中江县一个贫苦农民家庭，1951年3

月参加中国人民志愿军，1952年10月在上甘岭战役中光荣牺牲，年仅21岁。

1952年10月，黄继光参加了举世闻名的上甘岭战役。在夺取597.9高地的战斗中，黄继光看到前方布满了敌人的暗堡，许多战友牺牲在敌机枪火力点之下，部队冲锋受阻。他心急如焚，怒火满腔，主动向营首长请缨，带领两名战士冲了上去。敌人火力太猛，一名战士牺牲，一名战士身负重伤，接近火力点的黄继光也弹药耗尽，多处负伤。他仍顽强地向火力点爬去，爬到敌火力点时，勇敢地扑上去，用胸膛死死地堵住了敌人正在喷射火舌的枪眼。突击部队乘机发起冲锋，夺取了战斗的胜利。

战后，中国人民志愿军政治部追授黄继光"模范青年团员"称号，志愿军第十五军党委追认他为中国共产党党员。1953年4月，中国人民志愿军为他追记特等功，追授"特级英雄"称号。同年6月，朝鲜民主主义人民共和国最高人民会议常任委员会追授他"朝鲜民主主义人民共和国英雄"称号和金星奖章、一级国旗勋章。

英雄礼赞

六个子弹窟窿的见证

这六个子弹窟窿，不在黄继光身上，而在他的战友李继德身上。

曾经有一段时间，网络上否定"黄继光堵枪眼"英雄事迹的谣言甚嚣尘上，混淆了人们的视听。

早在前几年，在山东省高青县木李镇三圣村，黄继光生前战友李继德用亲身经历，有力地驳斥了那些别有用心的诋毁："黄继光堵枪眼时，我在现场！"

为了向采访者介绍当时的情况，李继德用家中的几个茶碗比画着，哪里是阵地，哪里是营部，哪里是机炮连，一目了然，都在茶几上重现了。"敌人炮火相当厉害，有毒气弹、烟幕弹，我们的枪大多是'单打一'。但战士们很勇敢，下了命令没有一个往后退的。"

介绍黄继光舍身堵枪眼的那一幕，身体还算硬朗的李继德模拟着黄继光的身姿："我看见已经爬到地堡下的黄继光，猛地弓着腰起了一下子，堵上了枪眼子。"然后，老人用痛苦的表情连说了七八个"哎呀"。回忆这一幕，老人表情丰富，但嘴上词穷，只有用一遍遍"哎呀"表达心中的痛楚。

老人回忆，敌人的机枪一下哑巴了，冲锋号吹响了。战士们冲出掩体，一分钟左右就将地堡拿下。李继德看到黄继光的身体已经被子弹打烂，"后背血肉糊拉糊拉的，不成形了。"

黄继光牺牲后两天，李继德也因身负重伤回国。后来，医院给出了"不适合部队工作"的意见。

就这样，李继德带着身上唯一的勋章——六个子弹窟窿，回到老家。很久以来，他很少提及这段往事。

否定"黄继光堵枪眼"的谣言，让老人怒不可遏。他拿出证件，指着身上的六个子弹窟窿，哭了："黄继光身上的窟窿比我更多！"

伤疤，战士最美的勋章——

有些伤疤穿越战火硝烟，那是历史的见证、时代的记忆；

有些伤疤与英雄一起融入大地，那是不容亵渎的神圣。

谁胆敢诋毁英烈，无言的伤疤会说话，身上的子弹窟窿不答应！

视纪律重于生命的战斗英雄邱少云

为了胜利，我愿献出自己的一切

邱少云（1926年~1952年），重庆人。1949年12月参加中国人民解放军，为第十五军二十九师八十七团三营九连战士。1951年3月参加中国人民志愿军赴朝作战，1952年10月在执行潜伏任务时壮烈牺牲，年仅26岁。1953年8月被追认为中共党员。1953年6月朝鲜民主主义人民共和国最高人民会议常任委员会授予他"朝鲜民主主义人民共和国英雄"称号和金星奖章、一级国旗勋章。2019年9月25日，被授予新中国成立70周年"最美奋斗者"荣誉称号。

英雄话语

"宁愿自己牺牲，决不暴露目标，为了整体，为了胜利，为了中朝人民和全人类的解放事业，愿献出自己的一切。"

英雄事迹

1951年3月，邱少云响应"抗美援朝，保家卫国"的号召，参加了中国人民志愿军。次年10月，闻名中外的上甘岭战役打响了。邱少云所在部队奉命攻占391高地敌军前哨阵地，他和数百名战友潜伏在距敌人前沿仅60多米的蒿草丛中，以达成对敌突然攻击的态势。不料潜伏至次日中午时分，敌军盲目发射侦察燃烧弹，其中一发落在邱少云潜伏点附近，草丛立即燃烧起来。

火势迅速蔓延，燃着了他的棉衣、军帽、头发，炙烤着他的皮肉。在他的身后就有一条水沟，只要后退几步，顺势一滚，就可在泥水中将火扑灭。然而，为了不暴露目标，确保全体潜伏人员的安全和攻击任务的完成，他放弃自救，咬紧牙关，强忍着周身被烈火焚烧的剧痛，把身子死死地贴在地面上，双手深深地插进泥土中，任凭烈焰无情地吞噬着肌体……就这样，邱少云在烈火中像雕像一样纹丝不动，用生命实践了他在入党申请书中所发出的钢铁誓言："宁愿自己牺牲，决不暴露目标，为了整体，为了胜利，为了中朝人民和全人类的解放事业，愿献出自己的一切。"

战后，志愿军第十五军党委追认他为中共党员，追授"模范青年团员"称号。1953年，中国人民志愿军给他追记特等功，追授"一级英雄"称号。同年6月，朝鲜民主主义人民共和国最高人民会议常任委员会追授他"朝鲜民主主义人民共和国英雄"称号和金星奖章、一级国旗勋章。

英雄赞歌

不死的荆棘鸟

很久以前，有一个关于荆棘鸟的传说——

它一生只歌唱一次，就连被誉为歌王的云雀和夜莺，在这歌声面前也黯然失色。可是，这歌声却以鲜血和生命为代价，鸟儿把自己的身体扎进最长、最尖的荆棘上，便在那荒蛮的枝条之间放开了歌喉。曲终而命竭，整个世界都在静静地谛听。

荆棘鸟，告诉世人一个道理：美好的事物，往往只能用巨大的牺牲来换取……

值此庆祝中国共产党成立100周年和中国人民解放军建军94周年之际，广大军民满怀深情地缅怀我党我军历史上那些光彩夺目的英模人物。在这耀眼的光环中，人们分明看到了一团燃烧的火焰。在这熊熊燃烧的火焰中，一个伟大的名字让人久久为之震撼和感动。他就是邱少云，一个为了集体利益而甘愿牺牲自我的志愿军战士。

从邱少云牺牲到今天，时间过去了69载。穿过69载时空隧道，我们愈加清晰地看到——

邱少云的伟大，在于保护战友，牺牲自我；

邱少云的伟大，在于坚韧不拔，挑战自我；

邱少云的伟大，在于坚守纪律，战胜自我。

"打得一拳开，免得百拳来。"置身复杂纷纭的当今世界，我们愈加清晰地领悟到，抗美援朝就是大国崛起的前奏。

为了这前奏，很多英雄付出了鲜血和生命。据不完全统计，整个抗美援朝战争中，与敌人同归于尽的杨根思式英雄有44名，用身体堵敌人枪眼的黄继光式烈士有6名，舍身炸毁敌人火力点的董存瑞式烈士有9名，为救朝鲜妇女儿童而牺牲的罗盛教式烈士有6名。他们身上集中展现出为了国家和民族、为了党和人民随时准备牺牲一切的革命英雄主义精神。

邱少云，就是一只永远不死的荆棘鸟，翱翔在天幕上，用最美的歌声伴随着太阳冉冉升起。也许岁月可以流逝，也许风景可以退却，可军人的忠诚就像最初的誓言，永远不会改变。因为军人的忠诚已经融注在血液里，代代相传，绵延不绝。

对党绝对忠诚的战斗英雄李延年

一辈子就想当一个能打胜仗的好兵

李延年，1928年11月出生，河北昌黎人，中共党员，1945年10月入伍，解放军某部队副政治委员。参加过解放战争、湘西剿匪、抗美援朝战争等大小战斗20多次，荣立特等功1次，三等功、小功若干次。2019年9月，荣获国家主席习近平颁授的"共和国勋章"，被中共中央宣传部等九部委授予新中国成立70周年"最美奋斗者"荣誉称号。

英雄话语

"我这一辈子就想当一个好兵，能打胜仗的好兵，为党和人民保卫祖国一辈子。"

英雄事迹

1945年10月，李延年参军来到东北。那时，内战的乌云笼罩着中华大地。参军后不久,李延年就参与到解放东北的战斗中。

辽沈战役打响后,李延年所在纵队参加黑山阻击战,堵住廖耀湘兵团。在阻击战最关键的时候,李延年和战友们连夜急行军100多里,赶到预定地点修筑工事。那次战斗,李延年和战友们坚守了三天三夜,为友邻部队对敌人实施包围争取了宝贵时间。

辽沈战役结束后,李延年参加了平津战役,每战争先的他,连连立功受奖。

抗美援朝战争爆发后,李延年随志愿军入朝作战。

1951年10月,李延年担任志愿军某营七连指导员。他所在营奉命对失守的346.6高地实施反击。"前两个营在敌人炮火猛烈攻袭下伤亡惨重,我们营接到命令执行强攻任务。"李延年回忆,自己所在营攻击时,发现敌人每隔3分钟左右就会打一轮炮。掌握这个规律后,李延年和战友利用这个间隙慢慢摸了上去。经过激烈战斗,他们终于把高地夺了回来。

两夜一天的战斗,敌人一轮又一轮地压向志愿军阵地。打完弹药的官兵,靠捡拾敌人留下来的武器,打退了一波又一波的敌军。一名战士在子弹打光后,拿着爆破筒,与冲上阵地的20多个敌人同归于尽。李延年带领官兵严防死守,直到接到上级命令才撤出阵地。

1952年11月,李延年被志愿军总部授予"一级英雄"称号,荣立特等功,并获得朝鲜民主主义人民共和国自由独立二级勋章。

60多年过去了,这段悲壮的历史成为李延年永不磨灭的回忆。"我这一辈子就想当一个好兵,能打胜仗的好兵,为党和人民保卫祖国一辈子。"

英雄礼赞

为英雄喝彩的英雄

拜访过李延年的人都知道，在他家中，有一幅广西南宁市红星小学学生送给他的手工画：操场上，两名小学生，正向鲜红的国旗敬礼。

每当有客人来家里的时候，李延年总会拿出这幅画给大家看。作为战争亲历者，李延年的讲述更具说服力和感染力。

九旬高龄的李延年，无愧于"共和国勋章"，无愧于"最美奋斗者"荣誉称号。

解放战争中，他在冰天雪地的东北和国民党军"拼过刺刀"，在山势险峻的湘西和土匪"掰过手腕"。

抗美援朝战场上，他带领官兵夺回失守的346.6高地，顶住了敌人多次反扑，被志愿军总部授予"一级英雄"称号，荣立了特等功。

凯旋之后，他继续投身国防事业，20世纪70年代来到祖国南疆，从此扎根祖国边陲。

更难能可贵的是，为了讲好历史，李延年多年来坚持读书、看报、听广播，刻苦学习党的理论。他卧室的书桌上，摆满了各类政治学习书籍，书和笔记本上密密麻麻地记满了理论要点和心得体会。

和平年代，不可能人人做英雄。威尔·罗杰斯说："总得有人坐在路边，当英雄经过时为他们叫好。"为英雄喝彩，就是向英雄致敬！

李延年就是和平年代向英雄致敬、为英雄喝彩的人。本来就是英雄的他，算得上是一位"为英雄喝彩的英雄"。

李延年就想一辈子当一个好兵,他这样的好兵,不仅是战场上的英雄,也是意识形态领域捍卫英雄的好兵。

值得庆幸的是,我们这个社会,有一大批这样的好兵,他们都是"为英雄喝彩的英雄"。就像董存瑞的战友郅顺义,就像黄继光的战友李继德,就像邱少云的战友曾纪有、陈大权,就像雷锋的战友乔安山……

"英雄者,国之干;庶民者,国之本。"全民崇尚英雄,英雄不再孤单;英雄辈出,民族复兴凝聚起磅礴力量。

今天,让我们一起,向"为英雄喝彩的英雄"致敬!

全国劳动模范时传祥

宁肯一人脏，换来万家净

时传祥（1915年~1975年），山东齐河人，中共党员。生前系北京市东城区环境卫生服务中心十所清洁队工人，北京市原崇文区清洁队"青年班"班长。他以"宁愿一人脏，换来万家净"的高尚境界赢得社会各界的尊重。当选第三届全国人大代表，荣获"全国劳动模范"荣誉称号。2009年9月，当选"100位新中国成立以来感动中国人物"。

英雄话语

"宁肯一人脏，换来万家净。"

英雄事迹

时传祥出生于山东省齐河县一个贫苦农民家庭。因家乡遭遇灾荒，他14岁便逃荒流落到北京城郊，受生活所迫当了掏粪工。

时传祥的工作就是每天用粪勺挖、用粪罐提、用粪桶背、用粪车运，清理城里的粪便。旧北京城的路非常难走，时传祥每天推着送粪的破轱辘车，由六部口到广安门，再到姚各庄、小井一带。他来回二三十里，常常是"一步三歪，步步打转"。无论刮风下雨、严寒酷暑，他都要每天往返四趟。工钱则少得可怜，一个月挣不到三块银圆。

1952 年，他加入了北京市崇文区清洁队，不仅工资高于别的行业，而且把过去送粪的轱辘车全部换成汽车。

运输工具改善之后，时传祥把过去 7 个人一班的大班，改为 5 个人一班的小班。他带领全班由过去每人每班背 50 桶增加到 80 桶，他自己则每班背 90 桶，最多每班掏粪背粪达 5 吨。管区内居民享受到了清洁优美的环境，而他背粪的右肩却被磨出了一层厚厚的老茧。

时传祥的辛勤劳动，赢得了人们的普遍尊敬，也赢得了很多荣誉。1954 年，他被评为先进生产者；1956 年 6 月加入中国共产党；1959 年，他作为全国先进生产者参加了在北京召开的全国"群英会"，被选为"群英会"主席团成员，同年被选为北京市政协委员；1964 年，荣获"全国劳动模范"称号，当选为第三届全国人大代表。他曾受到毛泽东、刘少奇、周恩来、朱德等中央领导的亲切接见，刘少奇握着他的手说："你当清洁工是人民的勤务员，我当主席也是人民的勤务员。"

英雄礼赞

让美好生活守护者更有尊严

2009 年，李萌从部队退役回到北京，毅然决定到环卫系统工作，而且选择了抽粪班。当时有人不解，然而李萌一路走来，感受到了劳动者的幸福和快乐。

您知道吗？李萌所在的北京市东城区环境卫生服务中心十所，就是时传祥生前的工作单位。她之所以能坚持下来，很大程度上就是"宁肯一人脏，换来万家净"的时传祥精神在鼓舞着她、支撑着她。

人民创造历史，劳动开创未来。劳动是推动人类社会进步的根本力量。语文课本里的《普通劳动者》教育了一代又一代人，让人们真切感到，劳动是共产党人保持政治本色的重要途径，是共产党人保持政治肌体健康的重要手段。

道理人人都懂，做到殊为不易。从时传祥对李萌的影响和塑造来看，榜样的力量是无穷的。十多年来，李萌先后荣获全国五一劳动奖章、北京市三八红旗奖章，被评为"北京榜样"，当选为党的十九大代表。

绚烂至极归于平淡，李萌朴实的话语，对更多人是一种启示："也许是当兵的经历改变了我的观念。在部队什么工作都干，没人觉得有什么贵贱之分，大家认为只是分工不同而已。"

在实现全面建成小康社会和伟大复兴中国梦的征程上，劳动者的身影格外美丽。亿万劳动者用自己的双手和创造力，迸发出强大的能量，形成了巨大的力量。每一名普通劳动者，实际上都是美好生活的创造者、守护者。

劳动者的利益关乎千百万百姓的生活质量。2020年3月20日，《中共中央　国务院　关于全面加强新时代大中小学劳动教育的意见》一经施行，立即赢得社会各界的广泛认同。

党和政府高度重视充分保护劳动者权益，千方百计让劳动者体面劳动、全面发展。我们每个人也应当积极行动起来，以诚实的劳动让生活更加美好，用真心的敬重让美好生活的创造者、守护者更有尊严。

"两弹一星"元勋邓稼先

不要让人家把我们落得太远

邓稼先（1924年~1986年），安徽怀宁人。著名核物理学家、中国科学院院士、核武器事业的奠基人和开拓者，曾任国防科工委科技委副主任，荣获国家自然科学奖一等奖和国家科技进步奖特等奖，被称为"两弹元勋"。1999年，在中华人民共和国成立50周年之际，党中央、国务院、中央军委隆重表彰为中国"两弹一星"事业做出突出贡献的23位科技专家，追授邓稼先"两弹一星"功勋奖章。2009年9月，当选"100位新中国成立以来感动中国人物"。

英雄话语

"我们的工作，能振我国威，振我军威！我们为这个事业献身是值得的！""不要让人家把我们落得太远……"

英雄事迹

1950年8月，邓稼先放弃了美国优越的工作条件和生活环境，谢绝了恩师、好友的挽留，毅然回到祖国。

邓稼先刚到核武器研究设计院时，那里只是一片庄稼地，连个像样的房子也没有，技术人员也只有几个刚分来的大学生。作为原子弹理论设计负责人的邓稼先，和建筑工人一起摸爬滚打，盖起了一幢幢新的研究室和厂房便拔地而起。

1959年6月，苏联撕毁两国政府签订的协议，撤走了专家。"靠别人不如靠自己，我们要用自己的双手造出原子弹。"那段时间，他每天只休息两三个小时，带领同事们集体攻关，夜以继日地进行运算，克服了一个个科学难关。

1964年10月16日15时，巨大的蘑菇云在新疆罗布泊荒漠腾空而起，中国第一颗原子弹爆炸成功。紧接着，邓稼先带领他的团队，经过艰苦努力，在原子弹爆炸后两年零八个月，实现了氢弹的成功爆炸，这比国外最快速度还早了两年。

1982年，已升任核武器研究院院长的邓稼先，仍然喜欢深入一线指挥。在一次航投试验中，由于降落伞出现事故，原子弹坠地摔裂了。邓稼先不顾个人安危，抢上前去把原子弹碎片拿到手里进行仔细检验。由于受到放射性物质的辐射，他的肝脏被损，骨髓里也侵入了放射物。他说："你们还年轻，你们不能去！"

1986年7月29日，邓稼先因病逝世。临终前他还反复叮咛："不要让人家把我们落得太远……"

英雄礼赞

难忘那张嘴边带血的照片

20, 28, 62。

如果用三个数字来概括邓先生的一生,这应该是令人震撼的三个数字。

邓稼先在他短短62年的人生里,有将近28年时间与亲人聚少离多,而他却用一生的心血研制原子弹和氢弹。国家奖励整个团队的10 000元,分到邓稼先头上的,只有区区20元。

很多人都问过邓稼先的夫人许鹿希,为什么能够忍受和丈夫分离长达28年之久?她淡淡地说,因为她不仅见过洋人,还见过洋鬼子;不仅见过飞机,还见过敌人的飞机在空中盘旋轰炸自己的家园;不仅挨过饿,还被敌人的炮火逼着躲进防空洞忍饥挨冻。她说,因为有了这些经历,她才能够理解邓稼先,理解他因为要造原子弹而和自己聚少离多、分离近28年之久。

在邓稼先病危的时候,好友杨振宁曾经过来看他。为了转移老友的痛苦,杨振宁问了邓稼先一个问题:"你研究两弹,国家奖励给你多少钱?"

"原子弹10元,氢弹10元。"这是邓稼先给出来的答案。

那一刻,杨振宁愣住了,一时语塞。

邓稼先和杨振宁有一张合照,那是邓稼先去世前最后一次与这位好友的合照。当时,邓稼先嘴角还依然有血迹,与大自己两岁的杨振宁比起来,邓稼先看起来更显苍老。

那是一张令人心痛的合照。邓稼先嘴角的血迹,深深刺痛了每一个有良知的中国人。嘴角的血迹,是他身体即将油尽灯枯的预告,更是他无愧于祖国和人民的写照。嘴角的血迹,是他对妻子儿女绵绵不尽的牵挂,更是他对未竟事业的殷殷嘱托。

他来的时候,中国没有核工业。当他走的时候,中国已然成为一个核能大国。

无双国士,邓稼先当之无愧。

"中国导弹之父"钱学森

科学没国界，科学家有祖国

钱学森（1911年~2009年），1911年12月出生于上海，祖籍浙江杭州。他是世界著名科学家、空气动力学家、中国载人航天奠基人、中国科学院及中国工程院院士，被誉为"中国航天之父""中国导弹之父""中国自动化控制之父"和"火箭之王"。1957年，获得中国科学院自然科学一等奖。1991年10月，被授予"国家杰出贡献科学家"荣誉称号和一级英雄模范奖章。1999年，中共中央、国务院、中央军委决定，授予钱学森"两弹一星"功勋奖章。2009年9月，被评为"100位新中国成立以来感动中国人物"。

英雄话语

"科学没国界，可是科学家有祖国。""我的事业在中国，我的成就在中国，我的归宿在中国。"

英雄事迹

1955年10月8日，钱学森回到了久违的中国首都北京。为了这个愿望，他在异国他乡奋斗了20个春秋；为了这一天，他在煎熬中等待了漫长的5年。

1934年，年轻的钱学森带着科技报国的理想赴美留学。十年寒窗，刚刚36岁的钱学森誉满世界。他被美国麻省理工学院聘为终身教授。

1949年10月1日，得知中华人民共和国成立的消息后，钱学森兴奋难抑，激动地对夫人蒋英说："我们该回去了！"

钱学森开始准备回国。没想到，就在他把行李装上轮船准备由水路回国的时候，美国海关以"莫须有"的罪名把他的行李"卡"住了，硬说他的书籍和笔记本中藏有重要军事机密，还诬蔑他是中国派来的"间谍"。美国海军部副部长直言不讳："钱学森无论走到哪里，都抵得上五个师的兵力。宁可毙了他，也不要放他回国。"

1950年8月，在钱学森一家人准备乘坐加拿大班机离开美国时，美国国防部又以"莫须有"的罪名在海关扣留了他。几天之后，美国司法部又逮捕了钱学森。在关押期间，他们不停地折磨钱学森，迫使他放弃回归祖国的念头。

1955年5月，钱学森通过书信，告诉世交陈叔通自己的处境，请他想办法帮助他回国。陈叔通接到信后，当天就呈给了周恩来总理。周总理当即指示正在日内瓦参加中美大使级会谈的王炳南大使与美方进行交涉。最终，美国允许钱学森回国。

1955年10月1日，钱学森一家终于踏上轮船，回到了祖国的怀抱。他满怀深情地说："科学没国界，可是科学家有祖国。"钱学森的归来，让中国开启了"两弹一星"的研制，并且进程显著缩短。

英雄礼赞

想起了他的三次激动

1991年，钱学森获中央颁发的"国家杰出贡献科学家"荣誉称号和一级英雄模范奖章。授奖仪式上，他在致辞中说了一句让人万万没想到的话"今天我不是很激动。"

钱学森解释说，因为他已经激动过三次了。

第一次激动，是1955年在美国向冯·卡门告别的时刻，他送上了新出版的《工程控制论》和物理力学。冯·卡门翻了翻，很有感慨地说，"你现在在学术上已经超过了我"。世界闻名大权威的这句评价，让钱学森激动极了。

第二次激动，是新中国成立十周年的时候，他被接纳为中国共产党党员。钱学森激动得夜不成寐。

第三次激动，是2009年他读了王任重为《史来贺传》撰写的序言。序言中提及，中央组织部决定将雷锋、焦裕禄、王进喜、史来贺和钱学森这五位作为新中国成立以来在群众中享有崇高威望的共产党员的优秀代表。能跟他们并列，钱学森心情十分激动。

1994年，钱学森获得何梁何利基金奖，奖金100万港元；2001年，又获得霍英东"科学成就终生奖"，奖金也是100万港元。两笔奖金的支票还没拿到手，钱学森就让秘书兼学术助手涂元季代写委托书，捐赠给西部的沙漠治理事业。两笔奖金捐出时，钱学森说："我姓钱，但我不爱钱。"

也许理解了钱学森的三次激动，理解了钱学森的不爱钱，也就理解了他为什么说"我的事业在中国，我的成就在中国，我的归宿在中国"。

出于对党和国家这种深深的热爱，钱学森在20世纪80年代才会提出解放军人才方阵的学历构想——军长为博士，师长为硕士，团长为学士。

出于对党和国家这种深深的热爱，钱学森在2005年才会重磅发问："为什么我们的学校总是培养不出杰出人才？"

重温钱学森构想，反思钱学森之问，能够品读出他深深的挚爱与深深的忧患。

难道不是吗？

人民科学家程开甲

我这辈子最大的心愿就是国家强起来，国防强起来

程开甲（1918年~2018年），江苏苏州人，中共党员，中国科学院院士，著名理论物理学家，中国核武器事业的开拓者之一，中国核试验科学技术体系的创建者之一，中国定向能高功率微波研究新领域的开创者之一。1985年获国家科技进步奖特等奖。1999年被国家授予"两弹一星"功勋奖章。2013年获国家最高科学技术奖。2017年7月28日，被授予"八一勋章"。

英雄话语

"我这辈子最大的心愿就是国家强起来，国防强起来。"

英雄事迹

1941年，程开甲大学毕业后留校任助教。五年后，在李约瑟博士的

推荐下，他怀着一腔报国热血，开始远赴英国留学。

1949年4月的一天，在英国皇家化学工业研究所担任研究员的程开甲，听到一条惊人的消息：英国"紫石英"号军舰公然进犯中国长江，被解放军还击的炮火打伤了！满街叫卖的报纸，都是中国人民站起来的消息。

"我们的国家有希望了！"程开甲毅然放弃高薪待遇，回到了祖国。他先后任教于浙江大学、南京大学。在南京大学物理系，程开甲协助施士元教授，全身心地投入金属物理教研室的筹建和金属物理专业的建设，出版了国内第一本《固体物理学》教材，对我国固体物理的教学与科研起到了重要作用。

1956年，程开甲成为一名光荣的中国共产党党员。

20世纪60年代初，程开甲被调到当时的二机部核武器研究所。在钱三强的具体指导下，程开甲起草了首次核试验测试总体方案，并在中央各部委和国防科委的支持帮助下，组建起相关学科、专业配套的核试验技术研究所。

作为核试验技术总体负责人，程开甲心中只有试验任务，常常不顾生命危险。一次，程开甲乘飞机视察某试验场，起飞20分钟后，飞机一台发动机因故障停止工作，飞行员只好用一台发动机冒险迫降。对此，程开甲毫不在意，第二天，他又乘另一架飞机向罗布泊飞去。

"我这辈子最大的心愿就是国家强起来，国防强起来。"正是怀着这种赤子之心，程开甲两易专业方向，奉献大漠20多年，干惊天动地事，做隐姓埋名人。

罗布泊爆发的声声"惊雷"，铸牢了国防盾牌，挺直了民族脊梁。罗布泊试验的每一次成功，都饱含了程开甲不懈的奋斗和奉献。

英雄礼赞

"核司令"有块小黑板

从1963年第一次踏进罗布泊到1985年，程开甲一直生活在核试验基地。被誉为"中国核司令"的他，为开创中国核武器研究和核试验事业，倾注了全部心血和才智。

"核司令"有块小黑板。长期以来，程开甲养成了一个独特习惯：总爱在小黑板上演算大课题。也正因为如此，他的家里有一块茶几大的小黑板，办公室里也放着一块黑板。后来，他搬了新居还专门留一面墙，装上一块黑板。

程开甲是知名专家，计算机用起来得心应手，但他对小黑板情有独钟，无论想起什么问题，还是思考什么方案，或者搞一个什么演算，总爱在小黑板上写写画画。久而久之，在小黑板上还真蹦出了许多灵感。

第一颗原子弹采取何种方式爆炸？最初方案是用飞机投掷。程开甲经分析研究否定了原定的空爆方案，他认为，第一次试验就用飞机投掷，一会增加测试同步和瞄准上的困难，难以测量原子弹的各种效应；再就是保证投弹飞机安全的难度太大。程开甲在他的小黑板上又是一番精心计算，终于提出当时切实可行的采用百米高塔爆炸原子弹的方案。

罗布泊一声巨响，不仅是一雪我国百年屈辱的呐喊，更向世人展示了，世界还是那个世界，但是中国已不再是那个中国。

程开甲用汗水浇灌祖国的核事业，花甲之年才离开戈壁荒滩。从中国核爆炸理论的阐述到中国核试验的总体设计，再到中国核武器的运用与改进，都离不开他的辛勤付出和默默贡献。

如今，很多人知道，他是中国唯一一位同时荣获科学院院士、国家最高科学技术奖、八一勋章、人民科学家、改革先锋奖和两弹一勋等六大顶级荣誉的人，却不知道，他曾经隐姓埋名40年，还是中国第一个到原子弹爆芯考察的科研人。

"核司令"身边的小黑板，是寻常物，也是大功臣，它见证了惊天动地事与隐姓埋名人的奇妙统一。

"中国核潜艇之父"黄旭华

敢做惊天动地事，
甘做默默无闻人

黄旭华，1924年出生，广东海丰人，中国第一代攻击型核潜艇和战略导弹核潜艇总设计师，中国工程院院士。1989年被授予"全国先进工作者"荣誉称号。2014年当选"感动中国2013年度人物"。2019年9月荣获国家主席习近平颁授的"共和国勋章"。2020年1月获国家最高科学技术奖。

英雄话语

"敢做惊天动地事，甘做默默无闻人。"

英雄事迹

1958年，我国核潜艇工程正式立项，黄旭华秘密赴京，被任命为核潜艇研制总工程师。

为了不受外国列强的欺凌，中国人必须研制出自己的核潜艇。没有人见过真正的核潜艇，他们仅有的实物材料是两只儿童核潜艇玩具模型，还是从国外带回来的。

即便如此，科研人员也一丝不苟地研制每一个环节。当时没有电脑，所有数据只能靠算盘和计算尺。常常为了一个数据，他们会日夜不停地计算。

经过黄旭华和所有工程师的共同努力，我国第一艘鱼雷攻击型核潜艇终于在1970年下水。1974年8月1日，中国第一艘核潜艇被命名为"长征一号"，正式列入海军战斗序列。至此，中国成为世界上第五个拥有核潜艇的国家。

在科研试验过程中，黄旭华经常身先士卒，成为世界上核潜艇总设计师亲自下水做深潜试验第一人。如今，中国核潜艇正劈波斩浪，遨游在深蓝的汪洋大海，日夜保卫着祖国的万里海疆。

30多年，他始终没有告诉家人工作内容，外界亲友更是完全不知道他在哪，在做些什么。唯一的联系方式，就是一个编号为145的内部信箱。直到2013年，他的事迹逐渐"曝光"，亲友们才得知原委。

英雄礼赞

"不孝"之子有大孝

"时代到处是惊涛骇浪，你埋下头，甘心做沉默的砥柱；一穷二白的年代，你挺起胸，成为国家最大的财富。你的人生，正如深海中的潜艇，无声，但有无穷的力量。"

——这是"感动中国 2013 年度人物"颁奖典礼上，组委会给予黄旭华的颁奖词。

那是多么令人屈辱的一幕：

1958 年，我国启动核潜艇工程项目。1959 年，该项目被赫鲁晓夫斥之为"异想天开"。

那是多么令人自豪的一幕：

1970 年 12 月 26 日，我国自主研制的第一艘核潜艇成功下水。总设计师黄旭华自豪地说："我们的核潜艇没有一个零件是国外进口的！"

令人惊叹！

没有外援，没有资料借鉴，中国军工人 12 年磨一剑！

奇迹背后是难以想象的牺牲，奋斗背后是难以计算的付出。

黄旭华工作繁忙、经常出差，家里的事情几乎全靠妻子李世英打理。冬天每月供应的 300 斤煤，全部由她用簸箕一趟趟搬回家；地震了，她抱着刚出生的小女儿，拉着大女儿去住安置帐篷；有一年冬天，大女儿黄燕妮上学途中跌入雪坑昏迷，李世英独自一人在床边守候了九天九夜……

把核潜艇放在第一位，是黄旭华的原则，也是李世英一直以来的坚守。

家庭事小，国家事大。涉及国家秘密的事情，不能说就是不能说。

谁能想象，母子分别 30 年才能一见，此时母亲已经 95 岁高龄，儿子也已经 62 岁。62 岁的黄旭华，双鬓已染上白发。

谁能想象，父亲直到去世都不知道自己的儿子在做什么。

面对亲人，面对事业，隐姓埋名 30 载，默默无闻，寂然无名。

曾经，有人或明或暗责备他"不孝"。

后来，所有人都称赞他有"大孝"。

"不孝"有大孝，这大孝就是"敢做惊天动地事，甘做默默无闻人"。

"中国氢弹之父"于敏

能把微薄的力量融进祖国强盛，便足以自慰了

于敏（1926年~2019年），天津宁河人，中共党员，著名的核物理学家，中国工程物理研究院原副院长、研究员，中国科学院院士。1987年，获"全国劳动模范"荣誉称号。1999年，被国家授予"两弹一星"功勋奖章。2015年，获国家最高科技奖。2018年12月18日，被党中央、国务院授予"改革先锋"称号。2019年9月17日，荣获国家主席习近平颁授的"共和国勋章"。

英雄话语

"一个人的名字，早晚是要没有的，能把微薄的力量融进祖国的强盛之中，便足以自慰了。"

英雄事迹

1926年，于敏生于一个天津小职员家庭。进入北京大学理学院后，

他的成绩名列榜首。

新中国成立两年后,于敏在著名物理学家钱三强任所长的近代物理所开始了科研生涯。他与合作者提出了原子核相关结构模型,填补了我国原子核理论的空白。1961年,正当于敏在原子核理论研究中可能取得重大成果时,钱三强找他谈话,交给他氢弹理论探索的任务。

于敏毫不犹豫地表示服从分配,转行。从那时起,他开始了长达28年隐姓埋名的生涯。

为了尽快研制出中国自己的氢弹,于敏废寝忘食,埋头于堆积如山的计算机纸带,然后做密集的报告,率领大家发现了氢弹自持热核燃烧的关键,找到了突破氢弹的技术路径,形成了从原理、材料到构型完整的氢弹物理设计方案。

1967年6月17日,罗布泊沙漠腹地,一朵蘑菇云升腾而起,我国氢弹试验取得成功。20世纪80年代以来,于敏率领团队又在二代核武器研制中突破关键技术,使我国核武器技术发展迈上了一个新台阶。

"两弹一星"功勋奖章、国家最高科学技术奖……极高的荣誉纷至沓来,于敏一如既往地保持着谦逊。他婉拒"氢弹之父"的称谓,在家中客厅高悬一幅字:淡泊以明志,宁静以致远。

"一个人的名字,早晚是要没有的,能把微薄的力量融进祖国的强盛之中,便足以自慰了。"于敏说。

英雄礼赞

没留过洋的顶尖科学家

在核试验这条道路上,美国进行了1000余次,而我国只进行了45次,不及美国的二十五分之一。

原子弹、氢弹、中子弹、核武器小型化……这是"两弹一星"功勋们用热血书写的一座座振奋民族精神的历史丰碑。

"国产专家一号"——人们这样亲切地称呼于敏。

是的，他能够用实力说话：没有留过洋，却也成为世界一流的理论物理学家。

更令人敬重的是，他还能用行动说话：在原子核理论研究的巅峰时期，毅然服从国家需要，开始从事氢弹理论的探索研究工作。

这一切究竟为啥？就为那一句话："……能把微薄的力量融进祖国的强盛之中，便足以自慰了。"

把微薄的力量融进祖国的强盛，需要有过人的超强本领。

从第一颗原子弹爆炸到第一颗氢弹试验成功，美国用了七年多，苏联用了四年，中国仅用了两年八个月。从大量密密麻麻、杂乱无章的数据中，于敏以超乎寻常的物理直觉，逐渐理出头绪找到关键！如果没有一批像于敏一样本领超强的人，怎么行？

把微薄的力量融进祖国的强盛，需要有自觉的奉献精神。

在研制氢弹的过程中，于敏曾三次与死神擦肩而过。他看淡了个人的生死。

把微薄的力量融进祖国的强盛，需要有强烈的协作观念。

《中国军事百科全书——核武器分册》记载：于敏在氢弹原理突破中起了关键作用。有人尊称他为"氢弹之父"，于敏婉拒。他说，这是成千上万人的事业。

把微薄的力量融进祖国的强盛，需要有当垫脚石的气魄。

于敏获得"求是科技基金会"100万元奖金后，除了上交万元特殊党费，还在中国工程物理研究院设立了"于敏数理奖励基金"，鼓励青年人从事科学研究。

　　没留过洋的顶尖科学家，以顶尖的行动，为中国人挺直了腰杆！

　　正因为挺直了腰杆，我们才能轻松化解超级大国的核讹诈，我们才能做到不欺负旁人，也决不受旁人欺负！

中国航天事业推动者孙家栋

国家需要，我就去做

孙家栋，1929年出生，辽宁复县（今瓦房店）人，中共党员，中国人造卫星技术和深空探测技术的开拓者之一。中国北斗导航系统第一代和第二代工程总设计师。我国月球探测工程的主要倡导者之一。1999年被授予"两弹一星"功勋奖章。2010年获国家最高科学技术奖。2018年12月被党中央、国务院授予"改革先锋"称号。2019年9月荣获国家主席习近平颁授的国家最高荣誉"共和国勋章"。

英雄话语

"国家需要，我就去做。"

英雄事迹

1951年，还在哈尔滨工业大学读书的孙家栋应召入伍，获得去苏联茹科夫斯基空军工程学院学习飞机制造的机会。留学7年后，孙家栋带着

"斯大林金质奖章"登上了归国的列车。

1967年，钱学森亲自点将，孙家栋成为中国第一颗人造地球卫星"东方红一号"的技术总负责人。在没有资料、经验、专家的情况下，孙家栋义无反顾地投入到这场忘我的战斗中。

1970年，"东方红一号"发射成功。那一年，孙家栋41岁。

2004年，我国正式启动探月工程，已经75岁的孙家栋接下了首任总设计师的重担。很多人对此不理解：早已功成名就了，为什么还要冒这个险？对此，孙家栋的回答很简单："国家需要，我就去做。" 3年后，当"嫦娥一号"顺利完成环月任务。

2018年6月5日，风云二号系列最后一颗卫星——风云二号H星发射成功。作为工程总设计师，已经89岁高龄的孙家栋仍然像第一次那样，能够清晰地听见心脏怦怦跳动的声音："搞了一辈子航天，它已经像我的'爱好'一样，这辈子都不会离开了。"

"生在中国这片热土，有幸从事航天事业，这种成就感一生都忘不了。中国的发展依然任重道远，全面深化改革进一步深入，我们一定要紧跟党中央，完成好我们这一代人的历史使命。"说到这儿，他习惯性地眯起眼睛，从容而淡定。

英雄礼赞

一次签字见风骨

在中国航天史上，有太多"第一"与孙家栋的名字紧紧关联在了一起：中国第一枚导弹总体、第一颗人造地球卫星、第一颗科学实验卫星、第一颗返回式遥感卫星，他是技术负责人、总设计师；中国第一颗通信卫星、静止轨道气象卫星、资源探测卫星、北斗一号工程、中国探月一期工程，他是工程总师。

而在我国发射的前100颗卫星中，由孙家栋担任技术负责人、总设计师或工程总师的超过三分之一。

关于孙家栋，有太多太多感人故事。唯独下面这个故事，让人别有一番滋味，顿生几分厚重的景仰——

1984年4月8日，"东方红二号"通信卫星在西昌卫星发射中心发射成功。意外的是，正当这颗卫星经变轨、远地点发动机点火进入地球准同步轨道，向预定工作位置漂移时，地面测控站发现，卫星上的镉镍电池温度超标。如果温度继续升高，刚刚发射成功的卫星就要报废了。孙家栋沉思了几分钟，果断下达指令"立即调整倾角5度"。

正常情况下，这一指令需要按程序审批签字后才能执行。但情况紧急，走程序已经来不及了。现场操作人员临时拿出一张白纸，在上面写下"孙家栋要求再调5度"的字样要他签名。孙家栋毫不犹豫地签了字。最终，热失控问题解决了，卫星终于化险为夷。

一次签字见风骨！

"国家需要，我就去做！"可有时候，国家的需要不止一个，当许多需要交织在一起，孰轻孰重，又不是那么清晰。卫星不能报废，程序不能违背。非此即彼，该咋办？二居其一，咋取舍？

这签字，如千钧。沉思后，不彷徨。

举重若轻孙家栋，岿然不动是栋梁。

"感动中国2016年度人物"的颁奖词，道出了亿万人民对他的褒奖——

"少年勤学，青年担纲，你是国家的栋梁。导弹、卫星、嫦娥、北斗，满天星斗璀璨，写下你的传奇。年过古稀未伏枥，犹向苍穹寄深情。"

献身国防科技事业杰出科学家林俊德

死后将我埋在马兰

林俊德（1938年~2012年），福建永春人，中国爆炸力学与核试验工程领域著名专家、原总装备部某试验训练基地研究员。1960年毕业于浙江大学机械系，1993年晋升为少将军衔，2001年当选为中国工程院院士。2018年，经中央军委批准，"献身国防科技事业杰出科学家"林俊德成为全军十位挂像英模之一。2019年9月25日，被授予新中国成立70周年"最美奋斗者"荣誉称号。

▍英雄话语

"我是搞核试验的，一不怕苦，二不怕死，现在最需要的是时间。""我的后事一切从简，不向组织提出任何要求，死后将我埋在马兰。"

▍英雄事迹

1938年，林俊德出生于福建。大学毕业后，他被分配从事核试验研究。

核爆炸具有极大破坏性，测量仪器研制一直存在很大难度。林俊德根据当时的实际情况，独立创新制作了钟表式压力自记仪，为测量核爆炸冲击波参数提供了完整可靠的数据。在之后40多年的科研工作中，他先后获得30多项科技成果。

2012年5月4日，林俊德被确诊为"胆管癌晚期"。住院期间，陆续做了几件事：整理移交了一生积累的全部科研试验技术资料；3次打电话到实验室指导科研工作，2次在病房召集课题组成员布置后续实验任务；完成了130多页、8万多字博士论文的修改，在剧痛中写下338字的6条评阅意见；与基地领导几次探讨基地爆炸力学技术的发展路线；向学生交接了2项某重大国防科研尖端项目。

5月31日上午，已极度虚弱的林俊德，先后9次向家人和医护人员提出要下床工作。于是，病房中便出现了震撼人心的一幕：病危的林俊德，在众人搀抬下，向数步之外的办公桌，开始了一生最艰难也是最后的冲锋……

两小时后，已近昏迷的林俊德被抬回了病床。5小时后，心电仪上波动的生命曲线，从屏幕上永远地消失了。这位军人，完成了生命中最后的冲锋。

临终前，林俊德交代："我的后事一切从简，不向组织提出任何要求，死后将我埋在马兰。"马兰，一种在"死亡之海"罗布泊大漠中仍能扎根绽放的野花。坐落在那里的中国核试验基地，就是以这种野花来命名的。

英雄礼赞

新房子里的骨灰

中国因为有了自己的核武器，所以在世界上挺直了脊梁，不会再受到西方国家的核讹诈和军事威胁，中国的"拳头"硬了，我们也有了自己的底气。

这一切归功于为祖国奉献的人。林俊德，是其中一个。

在林俊德生命的最后时刻，老伴黄建琴对他说："这是我第一次这么长时间握着你的手，40多年来，只有这一刻你才真正属于我。"

林俊德对老伴说，死后把他葬到马兰——那是他奋斗了一辈子的地方，那里有太多他的欢乐、泪水和汗水，葬到马兰就当自己一直在马兰工作，他要永远守护那里。

他这一生一直为自己是一位核试验科技工作者而自豪，这是他坚守了一辈子的信念。

对丈夫什么都答应的黄建琴，唯独这一条"爽约"了！

她把林俊德的骨灰放在家里一年，才送至马兰。黄建琴淡淡地说了一句话："因为老林没住过这样的房子。"

林俊德几十年来都生活在部队的老房子中，毫无怨言。他逝世之后，党组织给了黄建琴一套房子和十万元慰问金。黄建琴将这十万元上交，作为林俊德最后的党费。

新房子里的骨灰，几多慰藉，几多思念。

新房子里的骨灰，令人心酸，让人震撼。

古人云"贫贱夫妻百事哀"，而在我们堂堂华夏神州，个人家庭"百事哀"的还有"核夫妇们"——那些夫妻共同从事核试验工作的科技工作者。就像林俊德与夫人黄建琴一样，他们用个人家庭的"百事哀"，换来了中国核武器的"拳头硬"。

当年，张爱萍将军从朝鲜战场回国后，担任中国人民解放军副总参谋长，主持核试验工作。他看到核试验基地遍地马兰花，便起了个极富诗意的地名——马兰。为我国核试验默默奉献一生的科研人员，就像在那荒漠中盛开的马兰花，虽然生活艰苦，但仍向上生长，努力绽放自己。"林俊德"们以组织为令，以荒漠为家，以献身祖国为最高荣耀，这就是马兰精神。

世界"杂交水稻之父"袁隆平

我一生最大的愿望，
就是让天下人都吃饱饭

袁隆平（1930年~2021年），江西德安人，中国杂交水稻育种专家，中国研究与发展杂交水稻的开创者，被誉为世界"杂交水稻之父"。2009年9月，当选"100位新中国成立以来感动中国人物"。2018年12月，被党中央、国务院授予"改革先锋"称号。2019年9月，荣获国家主席习近平颁授的"共和国勋章"，被中共中央宣传部等九部委授予新中国成立70周年"最美奋斗者"荣誉称号。

英雄话语

"我一生最大的愿望就是让人类摆脱饥荒，让天下人都吃饱饭。"

英雄事迹

1953年，从西南农学院遗传育种专业毕业后，袁隆平被分配到湖南安江农校工作。"作为新中国培育出来的第一代学农大学生,我下定决心要解决粮食增产问题,不让老百姓挨饿。"

1956 年,袁隆平带着学生们开始了农学实验。袁隆平发现水稻中一些杂交组合有优势,认定这是提高水稻产量的重要途径。

1973 年,在第二次全国杂交水稻科研协作会上,袁隆平正式宣布籼型杂交水稻三系配套成功,水稻杂交优势利用研究取得了重大突破。在此后的几年里,他攻关的遗传工程雄性不育系为工具的第三代杂交水稻,实现了每公顷 20 吨的成就。到 2017 年,他参与"种三产四"丰产工程的 30 多个品种中,优质稻占比超过 30%,其中不少品种的米质已经达到国家二级标准。

1985 年,袁隆平撰写的《杂交水稻简明教程》,经联合国粮农组织出版后,目前已发行到 40 多个国家,成为全世界杂交水稻研究和生产的指导用书。截至 2018 年底,已有 40 多个国家种植了超过 700 万公顷的杂交水稻。因"为保障世界粮食安全和解除贫困展示了广阔前景","致力于将杂交水稻技术传授并应用到包括美国在内的世界几十个国家",袁隆平获得了世界粮食奖。

袁隆平说:"我的童年是在抗日战争的烽火中度过的,我知道民族的屈辱和苦难。我一生最大的愿望就是让人类摆脱饥荒,让天下人都吃饱饭。"

英雄礼赞

雨靴与核武器的变奏

2019 年 9 月,国家勋章和国家荣誉称号颁授仪式的前一晚,袁隆平还在惦记试验田里的水稻。"晚上睡觉的时候都在想,我的超级稻长得怎么样。"

启程来北京之前,他特意跟超级稻"告一下别"。参加完颁授仪式,他当天就要返回湖南,因为"明天又要到田里去"。

越是打雷、刮大风、下大雨,越要到田里面去看看,看禾苗倒伏不倒伏,看哪些品种能够经得起几级风。所以,不难理解,袁隆平车上为什么常年放着一双下田用的雨靴。

雨靴里能出核武器!这话您信吗?可袁隆平偏偏做到了!

他把水稻比作核武器,对手是饥饿。他搞出了高产的杂交水稻,所以他赢了。

把水稻当作核武器的人,一辈子离不开农田。

早些时候,大家经常看他打着赤脚在学校里走,因为方便下田。后来条件好了,他有了小汽车,车上常年放着一双下田用的雨靴。

再后来,行动不那么便利了,湖南省农科院就在他的住宅旁安排了一块试验田,稻田尽收眼底,甚至"躺在床上侧个身子就能看到"。

袁隆平曾自喻像贪财的人,"百万富翁想千万,千万富翁想亿。我贪产量,到了700公斤,我贪800公斤,800公斤贪900公斤,900公斤到1000公斤,1000公斤到1100公斤,最后1200公斤,18吨,不满足,因为这是一个有意义的事情"。

做有意义的事情,他不怕失败,也教育弟子们不要怕失败。

袁隆平想着"让天下人都吃饱饭",所以他和弟子们从不看重荣誉,也没有时间去咀嚼失败。

"感动中国2004年度人物"给予袁隆平的颁奖词道出了亿万百姓的心声——

"他是一位真正的耕耘者。当他还是一个乡村教师的时候,已经具有颠覆世界权威的胆识;当他名满天下的时候,却仍然只是专注于田畴,淡泊名利,一介农夫,播撒智慧,收获富足。他毕生的梦想,就是让所有的人远离饥饿。喜看稻菽千重浪,最是风流袁隆平。"

中国首位诺贝尔医学奖获得者屠呦呦

科学研究不是为了争名争利

屠呦呦，1930年12月生，浙江宁波人，中共党员，中国中医科学院青蒿素研究中心主任。她带领团队研究发现了青蒿素，挽救了全球特别是发展中国家数百万人的生命。2015年荣获诺贝尔生理学或医学奖。2017年1月获得国家最高科学技术奖。2018年12月被党中央、国务院授予"改革先锋"称号。2019年9月荣获国家主席习近平颁授的"共和国勋章"。

英雄话语

"在困境面前需要坚持不懈，坚守信念是成功的前提。科学研究不是为了争名争利。"

英雄事迹

瑞典当地时间2015年12月10日下午4点30分，当身着一袭紫色礼裙的中国科学家屠呦呦从瑞典国王卡尔十六世·古斯塔夫手中接过诺奖奖章和证书的时候，庄严的会场里掌声经久不息。

46年的坚守，让这位85岁的老人为中国赢得了世界的尊重。

1969年，中医科学院中药研究所参加全国"523"项目，屠呦呦被指定为课题组组长，承担抗疟中药的研发。接受任务后，她开始搜集整理历代中医药典籍，走访名老中医，同时调阅大量民间药方，编写出以640种中草药为主的《疟疾单秘验方集》。虽然有了这样一本"验方集"，但要从640种药物中筛选出对疟疾真正有效的药物，其难度可想而知。

"执着"是同事们对屠呦呦评价时用得最多的一个词语。靠着这份执着，屠呦呦从古代医书中找到青蒿，用这株看似普通的小草，拯救了世界上无数的生命。据世界卫生组织（WHO）报告，全球有97个国家和地区的33亿人口仍在遭遇疟疾的威胁，其中12亿人口生活在高危区域，这些区域的患病率有可能高于1/1000。正如诺奖委员会所指出的那样，"青蒿素这一医学发展史上的重大发现，每年在全世界尤其在发展中国家，挽救了数以百万计的疟疾患者的生命"。

获奖后的屠呦呦一直保持着惯有的低调，思多久，方为远见？半个世纪的坚守让屠呦呦认准一个道理：在困境面前需要坚持不懈，坚守信念是成功的前提。科学研究不是为了争名争利。

英雄礼赞

用一株小草改变世界

"呦呦鹿鸣，食野之蒿。"

《诗经》古老的诗句，仿佛冥冥中已注定屠呦呦与青蒿素的不解之缘。青蒿这一不起眼的菊科植物，看似普通却藏有能拯救生命的巨大能量。

屠呦呦数十年如一日执着于青蒿素及其衍生物的研究，低调无闻，但她和团队的发现却在全世界治愈了两亿多饱受疟疾折磨的患者。

有人说，屠呦呦用一株小草改变了世界！

一株小草的力量太过微弱，要改变世界简直不可能。是屠呦呦和她的团队，用心血和大爱把不可能变成了可能。

把不可能变成可能，需要的是执着。

为发现抗疟效果100%的青蒿提取物，屠呦呦和她的团队先后进行了190次低沸点实验，第191次才获得最终成功，并在第二年提炼出抗疟有效成分青蒿素。

把不可能变成可能，需要的是牺牲。

为了确保青蒿素用于临床的安全性，屠呦呦向领导提交了志愿试药报告："我是组长，我有责任第一个试药！"屠呦呦等科研人员甘当"小白鼠"，以身试药，住进了东直门医院，最终证明药品无明显毒副作用。

那时中国的科研环境十分艰苦，实验室设备简陋，连基本的通风设施都没有，任务时间又很紧迫。为加快提纯速度，课题组"土法上马"，用七个大水缸取代实验室常规提取容器来提取青蒿乙醚提取物。没有防护装备的科研人员接触大量对身体有害的有机溶剂，出现了各种程度的病状，屠呦呦也得上了中毒性肝炎。

2015年12月7日下午，2015年诺贝尔生理学或医学奖得主、中国科学家屠呦呦在瑞典卡罗林斯卡医学院用中文发表主题演讲，演讲的题目是《青蒿素的发现：传统中医献给世界的礼物》。

青蒿一握，水二升，浸渍了千多年，直到屠呦呦出现。

她萃取出古老文化的精华，深深植入当代世界，帮人类渡过一劫。

呦呦鹿鸣，食野之蒿。

今有嘉宾，德音孔昭。

"共和国勋章"获得者钟南山

医院就是战场，
我们不冲上去谁冲上去

　　钟南山，1936年10月出生于江苏南京，福建厦门人，中共党员，呼吸内科学家，中国工程院院士，曾任广州医学院院长、党委书记，中华医学会会长，国家卫健委高级别专家组组长，国家健康科普专家。2007年，钟南山获英国爱丁堡大学荣誉博士。2020年8月11日，国家主席习近平签署主席令，授予钟南山"共和国勋章"。

▎英雄话语

　　"医院就是战场，作为战士，我们不冲上去谁冲上去。"

▎英雄事迹

　　2003年，非典肆虐，67岁的他说："把最重的病人送到我这里来"。

2020年,武汉告急,84岁的他一边告诉大家"尽量不要去武汉",一边登上开往武汉的高铁,挂帅出征,一骑当先。

钟南山,一个仿佛永远不会退缩的逆行者,他以84岁的高龄去为国战斗,焕发出逆行者的光芒。他说:"医院就是战场,作为战士,我们不冲上去谁冲上去。"

1979年至1981年,钟南山到英国爱丁堡大学和伦敦大学研修。面对导师先入为主的轻视,为了给中国人争口气,长期学俄语的他仅用了半年时间就攻克了语言关,全身心地投入学习和科研中。

在英国进行关于吸烟与健康研究时,为了取得可靠的资料,他让皇家医院的同事向他体内输入一氧化碳,同时不断抽血检验,一直坚持到血红蛋白中的一氧化碳浓度达到22%才停止。实验取得了满意效果,钟南山却几乎晕倒。要知道,这相当于正常人连续吸60多支香烟,同时抽800立方厘米的鲜血。

从当年谢绝盛情挽留回国,到与非典、新冠肺炎疫情殊死搏斗。回首往事,钟南山说:"在国内做研究,困难要多一些,但这是为自己的国家干,心里踏实,有成就感。"

英雄礼赞

战旗指处老"黄忠"

如果把抗疫比作一场战争,开始的时候却是一场看不见对手的较量:知道病毒名称,却不知道疾病源头;知道患者病情,却找不到专用特效药;知道每天疫情数据更新,却难以掌控数据变化。

国士无双,人民有幸。泪水盈盈的钟南山,温暖的何止武汉百姓?满身疲惫的钟南山，战胜的何止疫情？

千军万马战疫魔，战旗指处老"黄忠"！

老"黄忠"钟南山有三个不一般——

不是一般的较真。科学务实，弄清实情，方可知谁是敌人，敌人在哪。

当年，是他步步紧逼，才逼问出了"非典"的实情。这一次，又是他步步紧逼，才逼问出了新冠肺炎疫情的实情，及时做出研判："可以肯定，存在人传人现象。"

不是一般的敢说。为民请命，敢说实话，发动群众，打好人民战争。

一句"人传人"救了多少命！这世上渴求真相的人多，看见真相的人也不少，但面对真相敢说真话的人太少太少。你不说我不说，病毒该是多么猖狂？大家都不说，百姓该是多么遭殃！

不是一般的拼命。舍身忘我，善用实招，亮出绝活儿，助力打赢关键之战：武汉保卫战。

那时候，他不断提醒民众，尽量不要去武汉，84岁高龄的他却毅然前往武汉。航班买不到机票，他挤上傍晚五点的高铁，坐在餐车一角，刚一落座便进入工作。

医院就是他的战场。他敢医敢言，呼吁严格防控，带领科研人员撰写新冠肺炎诊疗方案，在疫情防控、重症救治、科研攻关等方面做出了不可替代的杰出贡献。

钟南山还联手哈佛大学，组建世界顶级团队攻坚新冠病毒，并与美国"病毒猎手"利普金会面。

中国工程院2021年医学科学前沿论坛上，钟南山透露，目前正全力研发针对变异毒株的疫苗。

钟南山的三个"不一般"，赢得了百姓对他的信任。疫情稍有变化，人们总会问：钟南山怎么说？

不老"黄忠"钟南山，堪称老百姓的"定海神针"！

伟大的共产主义战士雷锋

把有限的生命投入到无限的为人民服务之中

雷锋（1940年~1962年），原名雷正兴，湖南长沙人，1960年入伍，1960年11月加入中国共产党。1961年5月，当选为辽宁省抚顺市第四届人民代表大会代表。1962年2月19日，出席沈阳军区首届共产主义青年团代表会议。1962年8月15日，因公殉职，年仅22岁。2019年9月25日，被授予新中国成立70周年"最美奋斗者"荣誉称号。

英雄话语

"人的生命是有限的，可是为人民服务是无限的，我要把有限的生命，投入到无限的为人民服务之中去。"

英雄事迹

1960年1月，雷锋光荣地加入中国人民解放军。入伍后，他刻苦学习马列主义、毛泽东著作，努力改造世界观和人生观，很快入了党，当了班长。除了完成本职工作外，他还经常利用休息时间做好事、助人为乐。入伍不到三年，雷锋就荣立二等功一次、三等功两次，被评为"节约标兵"，当选为抚顺市人民代表，沈阳军区《前线报》专门开辟了"向雷锋学习"专栏。

"雷锋出差一千里，好事做了一火车。"这句大家耳熟能详的顺口溜，是雷锋助人为乐的真实写照。劳累、单调的出差旅途，在雷锋眼里却是助人为乐的好机会。擦地板、收拾小桌子、给旅客倒水、帮助妇女抱孩子、给老年人找座位……凡是能看到、想到的好事，雷锋全做了个遍。

1960年6月的一天，他出差回来，看见一位白发苍苍的老大娘在路旁叹气。他上前一问，原来老大娘是从山东到抚顺来看儿子的，不认识信上的地址，找不到地方。雷锋一手给老大娘提包袱，一手扶着老大娘赶路，还拿出自己的面包给老大娘作晚餐。他东问西找，一直到晚上9点多钟，才终于把老大娘送到了她儿子家。

雷锋的生活很简朴，从来不乱花一分钱。组织上每月发给他的津贴，他留下一角钱交团费，两角买肥皂，再用些钱买书，好扩充他的"小图书馆"，其余的钱，雷锋都主动寄给战友的亲人或捐献给灾区政府。

1962年8月15日，雷锋在执行任务时不幸以身殉职，年仅22岁。1963年2月22日，毛泽东亲笔题词：向雷锋同志学习。从此，雷锋的名字和事迹家喻户晓，神州大地向雷锋学习的活动蔚然成风。

英雄礼赞

一个士兵和一座道德丰碑

雷锋，一位普通士兵的名字，几代中国人的共同骄傲。

假如今天他还活着，应该是81岁的老人了。许多人都该叫他一声"雷锋爷爷"吧？

不，他是永远的"雷锋叔叔"！他永远年轻，永远停留在22岁。

时序更迭，斗转星移。遥想老一辈革命家谢觉哉当年的一番话，让今天的我们对雷锋有了一种更亲切的认同："雷锋同志是平凡的，任何人都可以学到；雷锋同志是伟大的，任何人都要努力才能学到。"

雷锋曾三次梦见毛泽东主席。每一次，他都在日记中做了生动记录，表示要"好好地学习，顽强地工作"，争取早日见到毛主席。

高小毕业典礼上，雷锋是这样抒发雄心壮志的："我决心做个好农民，争取驾起拖拉机，耕耘祖国大地，建设社会主义新农村。将来，如果祖国需要，我就去做个好工人，为我国的社会主义工业化建设出把力。将来，如果祖国需要，我就参军做个好战士，用自己的鲜血和生命保卫我们伟大的祖国。"

雷锋六年时间先后换过七次工作：当农民、机关通信员、工人，还当上了兵。有谁能事先准确描绘出自己的未来之路？雷锋当然不是一个预言家，然而他的人生轨迹竟然与小学毕业时的激情畅想完全吻合！

"苦心人，天不负"，偶然之中有必然，雷锋的执着与善举，帮他开辟出了脚下一条条阳光路。

新中国建设发展日新月异，个人的发展机遇也总是一个接一个不断涌现，每个人都被巨大的时代浪潮裹挟着、推动着，欢快地向前奔走着。

当年，诗人贺敬之曾经用诗化语言激情宣告："雷锋"二字并不仅指向一个人，而是整个时代精神的姓名。

物资匮乏的时候，雷锋就是一道拨开迷雾的精神亮光；精神贫困的时候，雷锋就是一种见证世道人心的温暖回归。

今天，实现中华民族伟大复兴的强国梦、强军梦，需要更多雷锋的出现。中国特色社会主义新时代，也为产生更多雷锋提供了丰厚土壤，让我们大家一起撸起袖子加油干，人人争当活雷锋！

县委书记的榜样焦裕禄

我死后也要看着你们把沙丘治好

焦裕禄（1922年~1964年），山东淄博人。1946年加入中国共产党，1962年被调到河南省兰考县担任县委书记，1964年5月14日因肝癌病逝于郑州，终年42岁。2009年9月，当选"100位新中国成立以来感动中国人物"。2019年9月25日，被授予新中国成立70周年"最美奋斗者"荣誉称号。

▎英雄话语

"我死后只有一个要求，要求组织上把我运回兰考，埋在沙堆上，活着我没治好沙丘，死了也要看着你们把沙丘治好！"

▎英雄事迹

1962年冬天，焦裕禄来到河南兰考担任县委书记。那时，兰考的"三害"——风沙、盐碱和内涝十分严重，导致农业产量极低，全县粮食亩产仅有100来斤，当地百姓生活十分困难。

上任第二天，焦裕禄就深入田间地头和农民中间调查访问。他心里非常清楚，想除"三害"不是轻而易举的事情，需要付出艰辛的努力，进行大量艰苦细致的调查研究工作。

1963年2月，县委成立"三害"调查队，决定在全县范围内开展治沙、治水、治碱的斗争。当时，焦裕禄已经患有严重的肝病，许多同志劝他不要下基层，等着听汇报就好。但他毫不犹豫地拒绝了同志们的劝告，他说："吃别人嚼过的馍没味道。"说完就背着干粮，拿着雨伞，和大家一起出发了。

从此，每当风沙肆虐的时候，总能最先看到焦裕禄的身影，他带头去查风口、探流沙；每当大雨倾盆的时候，他又带头涉水查看洪水流势。他不辞辛劳地追寻风沙和洪水的去向，他知道，这才是掌握风沙、水涝规律最有利的时机。

在焦裕禄的带领下，经过120多个日日夜夜的辛苦奔波，调查队摸清了"三害"的底细。他们把全县84个大小风口、1600个大小沙丘与河流走向分布都查清、编号、绘图，整理出一整套具体翔实的资料。

1964年春天，兰考人民同"三害"的斗争胜利推进，而焦裕禄的肝病已经到了晚期。在生命的最后时刻，焦裕禄恳切地说："我死后只有一个要求，要求组织上把我运回兰考，埋在沙堆上，活着我没治好沙丘，死了也要看着你们把沙丘治好！"

这就是一个一心为民的好书记、党的好干部。他以自己的实际行动铸就了亲民爱民、艰苦奋斗、科学求实、迎难而上、无私奉献的焦裕禄精神，成为几代人的楷模。

英雄礼赞

藤椅与焦桐的深情诉说

为什么一把办公用的藤椅右侧会有一个大洞？

为什么这把破旧的藤椅却被评为国家二级文物，成为焦裕禄纪念馆的镇馆之宝？

在河南省兰考县焦裕禄纪念馆里，珍藏着一把藤椅，上部的藤条网上靠前有一个大窟窿。这个大洞，正无声地诉说着50多年前撼人心魄的一幕：每当肝疼袭来时，焦裕禄就用茶缸靠在藤椅上，紧紧地顶在痛处。日子久了，藤椅被硬生生顶出一个大洞。

在河南省兰考县，有一棵枝繁叶茂的大泡桐树。建党百年，恰逢它58岁，58岁的它有一个特殊的名字：焦桐。

这是焦裕禄于1963年初春亲手植下的泡桐树。半个多世纪过去了，当年的小树苗如今已是满目苍翠，春风拂过，桐花满城飘香。

焦裕禄有一张广为流传的照片，肩披外套、双手叉腰、侧头目视远方，背后斜伸出一片桐树叶。那棵未露全貌的泡桐，就是"焦桐"。

以焦为姓，泡桐何其有幸；与桐并老，裕禄此生无憾。

人道是，泡桐耐盐碱。焦裕禄推广种植，果然发现，泡桐能在沙窝子里扎根，根深叶茂，能够有效挡风压沙。满地泡桐，成为焦裕禄带领兰考人民治理水沙碱"三害"的金钥匙。

当年风沙肆虐的兰考，如今已是泡桐的林海。昔日固沙苗，今朝致富经。长在黄河故道沙土中的泡桐，纹路清晰，声学品质和共振性能好，板材音质奇佳，在全国是独一无二的。从20世纪90年代起，兰考徐场村村民纷纷学做乐器、开乐坊。而今，泡桐加工成的各种乐器畅销全球，兰考泡桐成了当地百姓发家致富的"摇钱树"。

"百姓谁不爱好官？把泪焦桐成雨。"从藤椅与焦桐的深情诉说中，更多人明白了中国共产党人一心为民的真谛。

春风拂面，又是一年桐花开。一座以焦裕禄命名的干部培训学院拔地而起，焦桐树下变成小小的广场，每年有大批参观者、学习者在焦桐树下聆听焦裕禄的故事。

钢铁战士麦贤得

保家卫国是军人职责

麦贤得，广东潮州人，1945年出生，1963年12月入伍，1965年8月加入中国共产党，曾任海军基地某部副司令员。在1965年"八六"海战中，他被中华人民共和国国防部授予"战斗英雄"荣誉称号。2017年7月28日，中央军委授予他"八一勋章"。2019年9月17日，国家主席习近平签署主席令，授予他"人民英雄"国家荣誉称号。

英雄话语

"没有国，就没有家，保家卫国是军人职责。"

英雄事迹

18岁那年，麦贤得参军入伍，成为一名光荣的人民海军战士。
1965年8月6日凌晨，福建漳州东山岛附近海面，隆隆炮声响彻海天，人民海军护卫艇群正集中火力攻击来犯国民党军小型猎潜舰"章江"号，中华人民共和国成立后规模最大的一次海战正式打响。

战斗中，参战611艇后左主机突然意外停车，艇上机电兵麦贤得立即跑去帮助启动机器。就在此时，敌人的两发炮弹打进机舱，一发落在前机舱，另一发落在后机舱。巨响过后，正在机舱内的麦贤得顿时觉得头部一阵剧痛，一块高温弹片打进他的右前额，一直插到左侧靠近太阳穴的额叶里。他感到天旋地转，顿时失去知觉，倒了下去……

令人没有想到的是，经过简单包扎的麦贤得又以惊人毅力站了起来，但他的眼睛怎么也睁不开——鲜血和脑浆已粘住了他的眼角睫毛。此时，麦贤得依稀觉得前机舱的轰鸣声似乎减弱了，他判断很可能是前机舱的机器也被炮弹打坏了。他一步一步摸索走向前机舱，跌倒了就爬，过舱洞就钻。就这样，他在黑暗中坚强地回到了自己的战位。

麦贤得一颗颗螺丝、一个个阀门、一条条管道地检查。最后，他在几十条管道、数千颗螺丝里，检查出一颗拇指大小、被震松的油阀螺丝。麦贤得用扳手将螺丝拧紧，并用身子顶住移位的变速箱、用双手狠狠压住杠杆，使损坏的推进器复原，保证了机器正常运转和舰艇安全。

战斗胜利了，麦贤得却倒下了。

麦贤得的伤情危急，党和国家领导人救治他的心情更急。经过四次脑手术，麦贤得脑颅中的弹片终于被取出。手术成功了，英雄得救了！

1966年2月，国防部授予他"战斗英雄"荣誉称号。1967年12月，在北京人民大会堂，毛泽东主席、周恩来总理接见了麦贤得等4000多名海军代表。

英雄礼赞

假如战争今天爆发

这个细节耐人寻味：一位老大妈刚从银行取了钱，公交车上空位置很多，但她毫不犹豫地选择了坐在穿军装的军人一旁。道理很简单，安全！

前些年，军队内部讨论过一个话题：一旦开战，军人能否给中国老百姓安全？

其实，麦贤得半个多世纪前的出色表现，已经作出了响亮回答。

再度讨论这个话题，说明我们这支军队没有忘记肩负的重任。

一流军队主动寻找对手，二流军队疲于应付对手，三流军队捂起眼睛不愿意认真看对手。美国五角大楼曾流传一则"招聘敌人启事"，前提条件是"必须有足够威胁"，且"具备核战能力者优先"，并戏称"但如果拥有重要生化武器资源，非核候选人也可考虑"。

中国希望世界和平，不会主动"招聘敌人"。问题在于，你不把别人当敌人，不等于别人不把你当对手。

以前，我们常说"假如战争明天打响"。现在看，还远远不够，应该时刻想到"假如战争今天爆发"。

假如战争今天爆发，我们已经没有时间思考，必须立即行动起来了！

当年，贺龙元帅去医院探望康复中的麦贤得，看到他头上长长的伤疤后，竖起大拇指称赞："为党，为人民立了功！"麦贤得一字一顿艰难地说了三个字："还不够！"

今天，我们的战争准备够不够？

战争准备的标准有高有低、有虚有实、有真有伪、有正有误。跟自己比、过去比，还是跟强手比、将来比？标准不实，就会在自我评价、自我循环、自我满足的圈圈里打转。标准假了，整个军队建设的根基就会倾斜失重；标准错了，军人该想什么、干什么，该追求什么，何为荣、何为耻等一系列根本价值取向就会被扭曲，军队这辆战车就会脱轨倾覆！

　　说一千道一万，只要打起仗来像麦贤得那样舍生忘死，只要准备打仗的时候像麦贤得那样认识到"还不够"，我们这支军队就一定能一往无前，敢打必胜！

舍己救人的英雄战士王杰

一不怕苦，二不怕死，做一个大无畏的人

王杰（1942年～1965年），山东金乡人，1961年8月入伍，原济南军区某部工兵一连班长。入伍后连续三年被评为先进战士，两次荣立三等功。1965年7月14日，为掩护11名民兵和1名人武干部的生命安全，奋力扑向即将炸响的炸药包，英勇牺牲。中华人民共和国国防部命名他生前所在班为"王杰班"，毛泽东等老一辈革命家对王杰"一不怕苦、二不怕死"的精神给予高度赞扬。2009年9月，当选"100位新中国成立以来感动中国人物"。2019年9月25日，被授予新中国成立70周年"最美奋斗者"荣誉称号。

英雄话语

"我要一不怕苦，二不怕死，做一个大无畏的人。"

英雄事迹

王杰，1942年出生在山东省金乡县一个普通农民家庭，1961年8月入伍，分配到原济南军区装甲兵某部工兵连。入伍后，他在日记中这样写道："我要一不怕苦，二不怕死，做一个大无畏的人。""什么是理想，革命到底就是理想；什么是幸福，为人民服务就是幸福。"

"哪里有困难，哪里最危险，哪里就有王杰。"冬训中，是他带头跳进结冰的水里打桩架桥；施工时，突然暴发的山洪卷走了物资，又是他第一个奔去抢救；爬高空、钻猫洞进行爆破，也是他担着风险抢先去装药、放炮，有时发生哑炮，仍然是他争先恐后地去排除。王杰就是用如此平凡而闪光的行动，实践着他的誓言。

1965年7月14日上午，王杰和陈学义一起来到训练场，组织张楼人民公社民兵进行试爆作业。民兵地雷班的11名民兵和1名人武干部围在四周，王杰一面细心地操作，一面认真地讲解。他用铁锹把绊线固定起来后对大家说："埋设地雷一定要保证安全，防止绊线被触动。"

试爆设置停当以后，他又详细地做了最后一次检查。就在这时，简易瞬发引信的拉火管突然颤动了一下，地雷马上就要爆炸。对于有经验的爆破手王杰来说，如果他立即向后一仰，有可能会保住自己的生命，但是他身旁还有12个兄弟呀！就在这千钧一发之际，只见王杰两臂一张，毅然扑在地雷上……王杰壮烈牺牲，他以自己的身躯保护了11名民兵和1名人武干部的生命安全，献出了年仅23岁的生命。王杰舍己救人的英雄事迹在群众中广为传颂，他的"一不怕苦、二不怕死"的革命精神已形成了一股无形的巨大力量，激励着人们，推动着人们。

英雄礼赞

把别人活着当自己活着

"如果一个人学会了思想,那么不管他想的是什么,他总会想到自己的死亡。"托尔斯泰这番话,源于他见证了身边一个又一个亲人的离世,对生离死别有了痛入骨髓的体验。

重温王杰的英雄事迹,认真思考有关生命与死亡的命题,对今天的我们来说显然不是多余的:为谁而活,怎样活着。

生命诚可贵,生命属于每个人,只有一次。王杰牺牲的那天早晨,还为战友们打好洗脸水、漱口水,摆好牙膏……可见他对生活多么热爱,对战友多么关爱,对工作多么热忱,对未来多么热望。

然而,危急关头,他却义无反顾,甚至想都不想"会不会牺牲",便毅然决然地扑上前、豁出去。

今道友信说过:"爱是自然流溢出来的奉献。"把别人活着当自己活着,把别人幸福当自己幸福——王杰就是这样的人。

像王杰一样,为了他人而不惜牺牲自己的人,分明是一颗颗启明星,宁愿自己坠入无边的黑暗,也要把他人送往光明之处。他们就像诗人艾青所赞美的那样:"被最初的晨光照射 / 投身在光明的行列 / 直到谁也不再看见你。"

"一不怕苦,二不怕死"作为"中共党史上的 80 句口号"之一,为什么具有震撼人心的力量?

喊出来容易,做起来难。在我们这支党领导下的人民军队的行列,"不怕苦、不怕死"的英雄名字长长一串,生命定格在 23 岁的王杰尤其令人震撼。

回望王杰的身影,哪里有困难,哪里最危险,哪里就有他,他在无怨无悔中彰显了什么叫"不怕苦"。

回望王杰的身影,他毅然决然地双臂一张、奋力一扑,他在义无反顾中彰显出了什么叫"不怕死"。

王杰曾经说过:"什么是理想,革命到底就是理想;什么是幸福,为人民服务就是幸福。"仰望天空,启明星之所以启明,因为它在"光明与黑暗交替"中,始终"投身在光明的行列""期待着太阳上升"。

战斗英雄冷鹏飞

打仗是军人的专业

冷鹏飞，湖北浠水人，1933年1月出生，1954年9月加入中国共产党，1956年2月入伍，曾任原二十三集团军副军长。1969年3月，在边境作战中，时任营长的冷鹏飞指挥守岛部队与敌军英勇作战，顶住了六次炮袭、三次进攻，荣立一等功，被中央军委授予"战斗英雄"荣誉称号。2017年7月28日，中央军委主席习近平签署命令，授予冷鹏飞"八一勋章"。

英雄话语

"打仗是军人的专业，只有专业好了，技术高了，本事强了，就能打胜仗，因为我们永远是一支能打胜仗的部队。"

英雄事迹

1956年，冷鹏飞实现了当兵的愿望。两年时间里，冷鹏飞成长为部队的防化技术能手。

1959年，冷鹏飞通过刻苦自学，考入当时的解放军防化兵学校。军校毕业后，他被分配到原部队任侦察排长。两年后，他走上了连长的工作岗位。在师里组织的评比中，他所带的连队以全优成绩夺得标兵连，他个人也被评为标兵连长，并破格提拔为营长。

1969年3月2日，敌军悍然入侵我国领土，解放军被迫进行自卫还击。时任营长的冷鹏飞所带部队就在前沿阵地，他积极组织准确有效的炮火反击。在上级统一指挥下，他与兄弟部队一起击退了来犯之敌，取得了首战胜利。

3月15日清晨，敌军又一次侵入边境。冷鹏飞闻令带一个加强排迅速登岛，指挥岛上部队共同歼敌。为便于侦察和指挥，冷鹏飞把指挥位置前移到了敌炮火打击范围内，首创用火箭筒超近距离打击敌装甲目标的战例。

1969年7月30日，中央军委发布命令，授予他"战斗英雄"荣誉称号。

回到部队后，冷鹏飞先后担任团长、师副参谋长、师长、副军长。跟他接触过的人都有这样的感受：他的眼里总有炮火硝烟中对敌人的警觉，心中总有冲杀突击时爆发的血性与豪气。冷鹏飞常说："打仗是军人的专业，只有专业好了，技术高了，本事强了，就能打胜仗，因为我们永远是一支能打胜仗的部队。"

英雄礼赞

专业的人干专业的事

冷鹏飞在《自述人生》一书中回忆，自己当兵比较晚，参军时在地方已经是供销社经理、党员了。

中华人民共和国成立初期，浠水县委、县政府领导班子成员大多数是从部队下来的老同志，工作能力很强，有经验。大家很信任冷鹏飞，对他成长帮助很大，不仅批准表现出色的他火线入党，还把他调到巴河供销社担任经理。

这一幕，多像雷锋当年那段经历啊！

冷鹏飞后来成长为战斗英雄和领导干部的经历，告诉我们一个朴实的道理：当兵不怕晚，就怕不用心；当官不怕大，就怕分了心。

成功源于实干，祸患始于空谈。冷鹏飞参军后，从普通一兵到掌握专业技术的防化兵，从军校学员到连长、营长，每一步都靠他苦干实干、永不服输的干劲。

记住为谁当兵，不忘为谁当官。冷鹏飞担任领导职务后，从团长到师副参谋长、师长、副军长，一路走来，为什么一直是老百姓喜欢的兵、部下拥护的官？因为他从来没有辜负自己的诺言：心想连队不变，深蹲连队不变，工作落实到连队不变。

冷鹏飞担任领导职务后下部队不准迎送、不准招待、不准陪吃的"三不准"原则，一身正气，令人肃然起敬！认真想一想，也有其必然。一个一心想打仗的人，哪有心思搞溜须拍马、阿谀奉承那一套。

当年我方装备很落后，"冷鹏飞"们怎么敢冲在前面？

退休后的冷鹏飞回忆说，敌军有装甲车、坦克，那是一个个"移动的碉堡"；我们的武器全拿在手上，每天在边境巡逻，我们熟悉地形地貌，借助周边树木、茂盛的水草掩护来战斗。

什么叫"打仗是军人的专业"？

把打仗作为专业，就会心无旁骛，就一定能精益求精。心无旁骛，就能扬长避短；精益求精，就有使不完的撒手锏。出奇制胜的撒手锏，让敌人闻风丧胆，让人民心生喜欢。一句话：子弟兵越能打胜仗，老百姓越放心、越高兴。

"铁人"王进喜

宁可少活二十年，
拼命也要拿下大油田

王进喜（1923年～1970年），甘肃玉门人，大庆油田石油工人。他出生于一个贫苦家庭，玉门解放后成为新中国的一名石油工人，因用自己身体制伏井喷而家喻户晓，被誉为"铁人"。2009年9月，王进喜当选"100位新中国成立以来感动中国人物"。2019年9月25日，王进喜被授予新中国成立70周年"最美奋斗者"荣誉称号。

英雄话语

"宁可少活二十年，拼命也要拿下大油田。"

英雄事迹

王进喜是新中国第一批石油钻探工人，大庆油田1205钻井队队长、

钻井指挥部副指挥，全国著名劳动模范。

1959年9月26日，松基三井喷出了工业油流，宣告大庆油田正式发现，一场规模空前的石油大会战随即展开。王进喜从西北的玉门油田率领1205钻井队赶来，加入了这场石油大会战。

要开钻了，水管还没接通，王进喜振臂一呼，带领工人到附近水泡子里破冰取水，硬是用脸盆、水桶，一盆盆、一桶桶地往井场运了50吨水。在重重困难面前，王进喜带领全队仅用五天零四小时就钻完了大庆油田的第一口油井。在随后10个月时间里，王进喜率领1205钻井队和1202钻井队，双双创造了年进尺10万米的奇迹。

在那些日子里，王进喜身患重病也顾不上去医院；几百斤重的钻杆砸伤了他的腿，他挂着双拐继续指挥。一天，突然出现井喷，当时没有压井用的重晶石粉，王进喜当即决定用水泥代替。没有搅拌机，成袋的水泥倒入泥浆池却搅拌不开，王进喜就甩掉拐杖，奋不顾身地跳进齐腰深的泥浆池，用身体搅拌。井喷被制服了，可是王进喜却累得站不起来了。房东赵大娘心疼地说："王队长，你可真是个铁人啊！""铁人"的名字就是这样传开的。

王进喜以"宁可少活二十年，拼命也要拿下大油田"的顽强意志和冲天干劲，为祖国的石油事业日夜操劳，终致积劳成疾，于1970年患胃癌病逝，年仅47岁。

王进喜留下的"铁人精神"，成为我国社会主义建设的宝贵财富，激励了一代代石油工人。

英雄礼赞

柔情与豪迈的交响

在设备、技术不如人的情况下，大庆油田的"王进喜"们为何能够打破美国石油大王的纪录？

房东赵大娘的发现就是答案！

当年，赵大娘想让王进喜吃顿热乎饭，带着饭菜找到井场，却见连续工作很久的王进喜正躺在发电机旁一个泥浆槽子边休息，身下铺的是一些草和一条被子，身上盖着老羊皮袄，头下枕着一个铁疙瘩。大冷的天，枕着个铁疙瘩也能睡着觉？赵大娘的眼睛湿润了："活了大半辈子，除了那些打鬼子、打土匪把脑袋别在裤腰上的人外，没见过这么拼命干活的人……王队长可真是个铁人啊！"时任石油工业部部长余秋里得知后连连称赞"我们就借用老百姓形象而生动的语言，叫他王'铁人'。"

人一旦与铁结合在一起，灵魂中就埋下了铁的种子。钻头亲吻大地，刹把雕刻地壳，"铁人"一生的声音有两句最为壮美：一句是"宁肯少活二十年，拼命也要拿下大油田"的誓言；一句是"石油工人一声吼，地球也要抖三抖"的诗歌。

"铁人"不只有豪迈与正气，也有柔情与含蓄。王进喜乐于对妻子、孩子、朋友、徒弟付出，用人格魅力将身边的人团结在一起。他为因事故住院的徒弟找冰，不惜长途跋涉；得知自己身患重病，不能守护妻子，为一直默默支持他、任劳任怨的妻子洗脚；自己贫病交加时，还为油田女技术员送去温暖的毛皮褥垫……

2021年的"五一"国际劳动节期间,王进喜的一段录音和视频首度公开后迅即刷屏网络:"大庆油田是党的大庆油田、全国人民的大庆油田……要艰苦奋斗一辈子,要当一辈子老黄牛!"

回望石油大会战,在豪迈与柔情的轰鸣交响中,"铁人"王进喜没有辜负全国人民的期待——

在中国最需要石油的时候,他就是一台钻机,专往有油的地方打;

在灵魂最需要诗歌的时候,他就是一首诗歌,专用有铁的语言写。

献身国防现代化的模范干部苏宁

我们不是享受的一代，而是奋斗的一代

苏宁（1953年~1991年），山西孝义人，1969年2月应征入伍，1973年3月加入中国共产党。生前系解放军某部队参谋长，在组织部队进行手榴弹实弹投掷时，为保护战友英勇牺牲，年仅38岁。1993年，中央军委授予他"献身国防现代化的模范干部"荣誉称号。2009年9月，当选"100位新中国成立以来感动中国人物"。

英雄话语

"我们不是享受的一代，而是奋斗的一代。"

英雄事迹

1991年4月21日上午，驻哈尔滨某部参谋长苏宁现场指挥建制连手榴弹实弹投掷训练。投弹开始后，苏宁投了第一弹，给大家做示范。然后，全团按照建制连顺序，一个连队一个连队地组织实弹投掷。

前期进行得非常顺利，当轮到十二连投弹时，意外情况发生了：十二连连长向后引弹时挥臂过猛，手榴弹碰撞到堑壕后沿，掉在十三连连长身后一米多的地方。

手榴弹"刺刺"冒着烟，几秒内就会爆炸，而十三连连长一点儿都没有察觉到。就在这万分危险的时刻，苏宁大喊一声："快卧倒！"同时一个箭步从右侧一米多远处冲过来，一把推开十三连连长，伸手抓起冒烟的手榴弹。可是就在扔出去的一刹那，手榴弹爆炸了，一声巨响，气浪把苏宁掀出一米之外……

战友得救了，而苏宁却倒下了，大家用最快的速度把苏宁送到师部医院抢救。经过九天九夜的抢救，苏宁终因伤势过重，心脏停止了跳动。

苏宁生前常说："我们不是享受的一代，而是奋斗的一代。"为此，他给自己立下一个目标：为国防现代化建功立业，力争做一名优秀指挥员。他用自己的奋斗和生命实现了这一誓言。

英雄礼赞

枕了22年的包袱皮

一直忘不了他枕了整整22年的包袱皮。那是中国士兵入伍之初，都枕过的军绿色包袱皮。

他的生命在手榴弹"刺刺"冒烟直至爆炸的3.7秒，被燃烧得通红。

苏宁，年仅38岁的炮兵团参谋长，为抢救战友舍生忘死，光荣牺牲。有人说，他以纯粹的军人姿势，倒在和平时期砺兵的堑壕旁。

作为一名团级指挥官，苏宁的综合素质无可挑剔。有细节为证：9平方米的背阴斗室，被挑灯夜读的烛光映照得一如进攻前的堡垒。一摞摞书籍、手稿和布满演算公式的草纸，凝聚成70篇卓尔不凡的军事论文，精绘出一幅21世纪的战场图……苏宁献身国防现代化的精神本质，响亮地回答了"和平年代，怎样当一名合格军人"的历史命题。

"三百六十行，唯有军人是用鲜血和生命为国家服务的。"苏宁人生的最后剪影，就这样雕塑般地定格在军人的精神高地上。拥有此等境界的军人，才能真正担当起打赢未来战争的光荣使命！

有人说，鲜活的历史细节是英雄灵魂和思想轨迹最深刻的体现。苏宁弥留之际的八天八夜惊心而动魄——医生屏住呼吸，用剪刀小心翼翼一层层剪开沾满鲜血的内衣：一套破旧的69式绒衣、绒裤，袖口、领子都已磨破；军用尼龙袜、战士穿的绿粗布短裤，颜色正由绿变黄。由此，有人读出朴素，有人看到精武。

床榻上，二尺见方的白布折叠的小包，叠放着他随时换穿的军装。中国士兵入伍初始枕过的包袱皮，苏宁枕了整整22年。由此，有人想到兵之本色，有人悟出军人的"枕戈待旦"。

枕了整整22年的包袱皮，令人震撼！也许最好的解释是，苏宁的简朴源于强烈的忧患意识：他一直过着淡泊、廉俭的生活，目光却时刻紧盯着世界军事科学发展的前沿。

领导干部的楷模孔繁森

共产党员爱的最高境界是爱人民

孔繁森（1944年~1994年），山东聊城人，生前系西藏自治区阿里地委书记。1979年开始，他三次进藏工作，勤政为民，促进当地经济社会发展和民族团结。2009年9月，孔繁森当选"100位新中国成立以来感动中国人物"。2018年12月18日，党中央、国务院授予孔繁森"改革先锋"称号。

英雄话语

"一个人爱的最高境界是爱别人，一个共产党员爱的最高境界是爱人民。"

英雄事迹

1979年，孔繁森告别山东聊城的父老乡亲来到西藏阿里。尔后，他三次进藏，历时十几载。在阿里烈士陵园，刻在纪念碑前的对联述说着人们对他的敬佩之情："一尘不染两袖清风，视名利安危淡似狮泉河水；二离桑梓独恋雪域，置民族事业重如冈底斯山。"

孔繁森在藏期间先后担任岗巴县委副书记、拉萨市副市长、阿里地委书记。赴藏前，他请人写下"是七尺男儿生能舍己，作千秋鬼雄死不还乡"的条幅。进藏后，他又留下了"青山处处埋忠骨，一腔热血洒高原"的豪迈誓言。在岗巴三年，他几乎跑遍了全县乡村牧区，每到一地就访贫问苦。

他始终在努力实践着自己最喜爱的那句名言："一个人爱的最高境界是爱别人，一个共产党员爱的最高境界是爱人民。"

令人痛惜的意外发生在1994年11月29日。孔繁森去新疆塔城考察边贸的途中，因为一场车祸不幸殉职，时年50岁。人们料理他的后事时，看到了两件令人心碎的遗物：一是他仅有的8.6元钱款，二是他去世前4天写的关于发展阿里经济的12条建议。这12条建议既包括了建机场、修国道、造电站等改善阿里能源交通"瓶颈"的对策，也涵盖财政、民生、教育等群众所关切的问题。

"出师未捷身先死，长使英雄泪满襟。"令人欣慰的是，一批批阿里干部群众在"孔繁森精神"激励下，已将这些遗愿逐一变为现实。

英雄礼赞

他曾经是一个兵

人人学习孔繁森，孔繁森当年学的谁？

在孔繁森同志纪念馆的展厅，一张图片给了我们答案：他曾经是一个兵，七年军旅受益一生。

这张图片记录的是孔繁森在原济南军区总医院服役时和三位老首长的

故事：来自延安八路军总医院、被称为"军内一把刀"的原济南军区总医院医务处主任徐诚，对他教育和帮助最大。孔繁森当年给马从忻、徐诚夫妇当了三年公务员。在战火纷飞的年代，O型血的徐诚在手术台上多次为做手术的战士输血。中华人民共和国成立后，夫妇俩继续保持优良传统，经常资助贫困学生，收养亲朋好友无法照顾的孩子。"老革命"们言传身教，深深影响了涉世之初、正值青年的孔繁森。

孔繁森经常学雷锋做好事，服役期间曾自费购买一套理发工具，业余时间为群众和战友义务理发。孔繁森退役时把理发工具作为纪念品留给了班长臧秀启，臧秀启退役回到家乡后，用这套理发工具为群众义务理发十几年，后来捐赠给了孔繁森同志纪念馆。当年，孔繁森曾两次偷偷地给臧秀启病重的父亲寄钱。几十年过去了，臧秀启谈起这些往事依然泪流满面。

当过兵的孔繁森成长为领导干部的学习楷模，并不偶然。

"老是把自己当珍珠，就时常有怕被埋没的痛苦。把自己当泥土吧！让众人把你踩成路。"这是孔繁森用以自勉的座右铭，也是窥知他内心世界的一面镜子。

孔繁森三次进藏，担任重要职务。对党的事业而言，他踏艰履险，开拓跋涉，有开创局面之功；对当地百姓来说，他勤政爱民，播撒温暖，有造福一方之绩。于国于民，贡献极大。

一位品德高尚、政绩优秀、贡献突出的领导干部，为什么宁愿去当一抔铺路的泥土？从某种程度上讲，对人民群众的大爱正是部队这个大熔炉锻造的结果：革命战士一块砖，哪里需要哪里搬。

新时期英雄战士李向群

怕累不是汉，怕死不当兵

李向群（1978年～1998年），海南琼山人，1996年12月入伍，原广州军区某集团军"塔山守备英雄团"九连一班战士。1998年8月，他随部队赴湖北荆州抗洪抢险，在抗洪抢险一线光荣加入中国共产党。1999年4月1日，中央军委授予他"新时期英雄战士"荣誉称号，成为全军十位挂像英模之一。2019年9月25日，授予新中国成立70周年"最美奋斗者"荣誉称号。

英雄话语

"怕苦不成人，怕累不是汉，怕死不当兵。"

英雄事迹

1998年夏天，我国江南、华南大部分地区普降大暴雨到特大暴雨，多地发生历史罕见的特大洪涝灾害。

正在海南省琼山市探亲休假的"塔山守备英雄团"九连战士李向群得此消息，坐卧不安，于是决定提前返回部队。

8月5日，湖北荆江告急。李向群所在部队奉命赶赴湖北灾区。经过30多个小时的长途跋涉，部队到达指定位置。大堤上，别人一次扛一个沙包，李向群扛两个，排长郭秀磊劝他："向群，悠着点劲，干得太猛，明天怎么办？"李向群笑着说："排长，没关系，我年轻，有的是力气！"两个半小时，李向群双肩被编织袋磨破了皮，渗出了鲜血，他一共扛了50多趟，是全营扛包最多的。

16日，与洪水搏斗了一夜的李向群突然感到头晕发热，发烧高达40摄氏度，必须输液治疗。19日14时许，公安县南平镇天兴堤发现管涌，正在输液的李向群听到紧急集合哨音，拔掉针管，奔到大堤。然而，扛了几十包沙袋后，他脚步踉跄，脸色发青。见此情景，指导员对排长说："把他送卫生队！"李向群不肯走，分辩说："怕苦不成人，怕累不是汉，怕死不当兵。这点小病不算什么！"李向群死活不下堤，直到晕倒在大堤上。

21日8时许，南平镇中豆段出现内滑坡，随时都有溃堤的危险。听到紧急集合的哨音，在卫生队里的李向群又一骨碌从病床上爬起来，趁指导员不注意，继续加入抗洪队伍。10时左右，李向群再次晕倒，一头栽倒在大堤上，口吐鲜血，晕死过去。

当天下午，李向群被紧急送到武汉抢救。终因心力衰竭，肺部大面积出血抢救无效去世，生命永远定格在20岁。

时任中共中央总书记、国家主席、中央军委主席江泽民签署命令，授予李向群"新时期英雄战士"荣誉称号。

英雄礼赞

吃苦就是"吃补"

日月轮转,时过境迁,人们至今仍忘不了1998年长江暴涨的滔滔洪水,忘不了橘红色救生衣下的民族脊梁,忘不了绿色队伍中那个把挚爱和忠诚演绎到极限的抗洪勇士——新时期的英雄战士李向群。

这几年,人们对"富二代"诟病甚多。这些诟病并非空穴来风,与"富二代"的群体表现有着密切关联。有人说,"富二代"不缺钱,缺的是教养;有人说,"富二代"不缺培训,缺的是磨炼;有人说,"富二代"不缺见识,缺的是魄力,等等,诸如此类,不一而足。究竟如何看待社会上对"富二代"的这种评价?

逆境是一笔不可多得的财富。从一定意义上讲,吃苦就是"吃补"。

李向群带给人们的一个重要启示在于,人生学会吃苦,才会创造价值,而价值不是看一个人拥有多少,而是看他给这个世界留下多少。李向群留在这个世界上的,除了有形的抗洪成果外,还有一笔宝贵的精神财富。

纵观李向群的成长历程,他每吃一次苦,就相当于进了一次补;他每蓄一分力,就如同夯实了一层地基。正因为如此,他以短暂的20岁生命、20个月军龄、20天抗洪战斗和8天党龄,实现了从好学生到好公民,从特区"小老板"到部队好战士,从优秀士兵到共产党员,从突击队员到抗洪英雄的大跨越。李向群的与众不同在于,他不只是做好了组织告诉他要做的事,也做好了人民群众需要他做的事。

李向群的成长经历还告诉我们:把吃苦视作一种修行,用心品味"苦",

用身体验"苦",才能够品出苦之渊源,让苦根结出甜果。最终,在勇于吃苦、乐于吃苦中品出甘甜、品出境界。

倘若对李向群这个早期"富二代"重新审视,则不难发现,他身上最为可贵的一点是,想到就要做到。在吃苦中"吃补",把李向群锻造成为一个善于行动的人,用行动改变世界,也用行动改变自己。

忠诚履行使命的模范指挥员杨业功
军人不思打仗就是失职

杨业功（1945年～2004年），湖北应城人，原第二炮兵某基地原司令员。1963年8月入伍，1966年2月入党，历任战士、班长、排长、参谋、作训处长、旅长和基地副参谋长、副司令员、司令员等职。2005年，中央军委追授他"忠诚履行使命的模范指挥员"荣誉称号。2006年，被追授"全国优秀共产党员"称号，同年，经中央军委批准，被列为全军十位挂像英模之一。

英雄话语

"天下虽安，忘战必危。军人不思打仗就是失职！"

英雄事迹

杨业功生前是原第二炮兵某基地司令员，他是在积极推进中国特色军事变革和军事斗争准备中成长起来的新型指挥员的杰出代表。他参与筹建了解放军第一支新型导弹旅，克服重重困难，成功地组织了第一枚新型导弹的发射，并参加了多次重大军事演习。

"天下虽安，忘战必危。军人不思打仗就是失职！"杨业功把履行军队使命、维护国家安全统一看得比自己的生命还重要。他广泛涉猎信息、航天、生物、指挥自动化等多方面知识，掌握了新型导弹指挥、控制等六大专业课目。他认为，一名现代军事指挥员，只有经常对自己的脑袋进行升级换代，才能始终保持思维敏捷，才有可能在未来战争中立于不败之地。他以惊人的毅力在人生最后两年多时间里，学完了研究生的全部课程，在病床上完成了毕业论文。

杨业功工作扎实深入，每年下部队都在100天以上，很少坐在会议室里听汇报、要情况。担任基地司令员期间，他走遍了所有基层单位、作战阵地和发射点位，对许多营连的技术骨干、主要操作号手都能叫出名字。

杨业功是全军廉洁自律的楷模。他几十年如一日，恪守为政清廉的准则。他生活俭朴，家里没有一件像样的家具，一生没穿过一件像样的便装，下部队必带的"三件宝"是暖瓶、大衣和方便面。他对自己要求苛刻，对战士却分外关爱，到部队总要亲手摸摸战士的被褥是否暖和，过年总要到阵地上跟战士们一起包饺子、吃年夜饭。

2004年7月，他因积劳成疾病逝，终年59岁。2005年12月，中央军委授予他"忠诚履行使命的模范指挥员"荣誉称号。

▌英雄礼赞

感动中国的背后

当年，杨业功的事迹深深感动了国人，感动了中国。

实事求是地讲，感动更容易发生在"同质"的人群中，但杨业功"使命高于生命"的境界，让所有看过、听过、读过他事迹的人，无不产生强烈的共鸣。这一现象看似意料之外，却在情理之中，只要把它放到历史的坐标和现实的背景中，就不难理解。

中国军人对使命的忠心尽心，换来了党和人民的放心安心。杨业功视使命为天职。他说："打不赢未来战争，就无法向党和人民交代。""宁可身体透支，决不拖欠使命职责账。"

谁能想到，57岁"高龄"了，杨业功还攻读硕士研究生，并在病床上完成了硕士论文。在他看来，只要使命在身，就必须学习不止，不能因个人进步受限而放松，更不能因个人提拔受阻而放弃。杨业功曾说过一句发人深省的话：作为一名军人，最大的遗憾是没有打过仗，最大的幸福是国家处在一个和平盛世。

"21世纪是没有英雄的世纪"——有人曾经这样预言；"价值观多元化，信仰发生了危机"——有人曾经这样叹息。杨业功，改变了许多人的看法。越来越多的人开始相信，一个崇敬英雄的理性追求，显示出当今时代的主流——英雄，永远是一个民族的旗帜；崇敬英雄，民族信仰之树常青！

军营如炉，锻造着军人的勇敢与忠诚；军营如诗，抒发着军人的豪情与悲壮。杨业功个子并不高大，可凡是走近他的人，无不觉得他身上有一种令人振奋的力量。当他带着一颗安装了起搏器的心脏，跋涉在中国南方的崇山峻岭，巡视着一个个阵地时；当他冒着塞北高原零下20多摄氏度的严寒，脱去身上的大衣，以病弱之躯笔直地站在部队面前讲评时，你会深深领略到军人的激情。

杨业功感动中国，足以说明：英雄，依然是我们这支军队的本色；使命，依然是我们这支军队的根本；崇高，依然是我们这支军队的追求。

"八一勋章"获得者马伟明

只要国防建设急需，天大的风险也要干

马伟明，1960年4月出生，江苏扬中人。1996年毕业于清华大学并获博士学位，海军专业技术少将军衔，专业技术一级，动力与电气工程专家，中国工程院院士，海军工程大学教授、博士生导师。获得两项国家科技进步一等奖。荣获全国十大"杰出专业技术人才"、十佳"全国优秀科技工作者"、"有突出贡献的中青年专家"荣誉称号。2017年7月28日，马伟明荣获"八一勋章"。

英雄话语

"只要国防建设急需，天大的风险也要干！否则，国家要我们这些院士干什么？"

英雄事迹

1978年，马伟明参加高考，被海军工程学院（现海军工程大学）录取。毕业三年后，他重返母校攻读研究生。从此，痴迷于电机领域前沿研究且初露锋芒的马伟明，在科技兴军的征程上奋起直追、弯道超越，完成了从"跟跑者""并行者"到"领跑者"的转变，为我国锻造出一件件制胜深蓝的国之重器。

20世纪90年代初，在恩师张盖凡教授的指导下，马伟明带领课题组，历时六个春秋，发明了带稳定绕组的多相整流发电机，从根本上解决了"固有振荡"这道世界性难题。紧接着，马伟明带领团队再接再厉，先后研制出世界首台交直流双绕组发电机系统和高速感应发电机系统，确立了我国在舰船发供电系统领域国际领先的地位。

2001年，41岁的马伟明当选中国工程院院士。他又瞄准了另一项国际科技领域的尖端技术——电磁发射技术，但同样又引发了一轮质疑风波："一个世界级科技大国历时20多年都没有取得成功的项目，你还要强攻硬上？"

"只要国防建设急需，天大的风险也要干！否则，国家要我们这些院士干什么？"马伟明认定，中国需要这项技术，无论遇到多大困难，一定要坚持下去。

8年之后，包括40位两院院士在内的100多位专家来参加科技成果鉴定会。面对马伟明的壮举，白发苍苍的老专家激动不已，泣不成声……

近几年，马伟明带领团队在电磁发射技术领域取得全面突破，创新成果再次进入"井喷期"，多型装备和技术属国际首创，全面推进我国传统武器装备向电气化变革。

英雄礼赞

破解"两问"的绝佳样本

在马伟明团队的诸多科研攻关项目中，一个突出成就是在电磁弹射技术上取得的重大突破，这是航母上使用的一项核心技术。

对此，曾有美国媒体感叹：如果说当年的钱学森一人能抵五个师，那么如今的马伟明至少能抵十个师。

诗人冰心叹息："成功的花，人们只惊慕她现时的明艳！然而当初她的芽儿，浸透了奋斗的泪泉，洒遍了牺牲的热血！"马伟明的经历正是如此，当初成立课题组研发中国的电磁弹射器，遭到了大多数人反对，认为他越过一代产品，直接研发电磁弹射器，纯属异想天开。

马伟明主动承担风险、排除万难，带领攻关团队仅用了几亿元的科研经费，十年时间就掌握了世界最尖端的技术，让我国一跃成为世界上继美国之后第二个拥有电磁弹射技术的国家，他本人也被誉为"中国电磁弹射之父"。

这一跨越堪称石破天惊！

其效应显而易见，一代产品蒸汽弹射器体积大、能耗高，每次维保至少需要500人的队伍，而电磁弹射器则体积小、能耗少，仅需要200人的维保团队即可。

然而，攻克电磁弹射，谈何容易！美国作为世界上第一个拥有电磁弹射技术的国家，其科研人员用了21年、花费32亿美元，才将电磁弹射技术从构想变为现实。

祖国利益至上，一切皆有可能。"只要国防建设急需，天大的风险也要干！"这就是马伟明的回答。

长期研究中国科技史、著有多卷本《中国科技史》的英国学者李约瑟曾经困惑：中国古代科技比西方发达，为什么现代科学没在中国发展起来？后来，被誉为"中国航天之父""中国导弹之父"的我国著名科学家钱学森也曾质疑：为什么我们的大学总是培养不出杰出人才？

马伟明并非专门回答这著名的"两问"，但他的实践和成功作为"例外"，堪称破解"两问"的一个绝佳样本。

试飞英雄李中华
一个民族不能没有挑战极限的英雄

李中华，1961年9月出生，辽宁抚顺人。1983年7月从当时的南京航空学院特招入伍，1984年5月加入中国共产党。曾任空军指挥学院训练部副部长，空军级试飞专家。2017年7月28日，中央军委主席习近平签署命令，授予李中华"八一勋章"。2019年9月25日，被授予新中国成立70周年"最美奋斗者"荣誉称号。

英雄话语

"一个国家，不能没有敢于探险的人；一个民族，不能没有挑战极限的英雄。中国空军要腾飞，也必须有一群情愿用生命为代价去搏击风雨的雄鹰！"

英雄事迹

李中华从事试飞工作20余年，先后经历空中特大险情5次、空中重大险情15次。

李中华不断钻研集多项高新技术于一体的新型战机的每一个技术环节。在科研试飞的过程中，李中华发挥自己既懂工程设计，又精通飞行的优势，努力使自己成为部队飞行员与飞机设计师之间沟通的纽带，使飞机获得更好的品质与性能。可以"飞出与计算机模拟一样完美曲线"的他，迅速成为飞机设计和试飞专家眼中"会飞行的工程师"，极大地推动了歼－10战机及其他新型战机的试飞进程。

1997年9月，李中华奉命和他的老搭档李存宝驾驶变稳飞机，模拟歼－10战机起飞、着陆时的飞行控制律。如果试飞成功，这将作为我国自行研制的飞机第一次使用电传操纵系统着陆而被载入航空史册。

然而，在飞机下降到距地面只有1米的高度时，飞机意外发生振荡。

关键时刻，李中华丝毫不乱，准确地做出了判断，并果断地告诉后舱的李存宝：切断变稳系统，用原机的操纵系统成功复飞。

正是凭着这样的责任感和使命感，李中华先后完成57个一类风险课目，飞出了歼－10战机的6个第一：最大飞行表速、最大动升限、最大过载值、最大迎角、最大瞬时盘旋角速度和最小飞行速度。也正是依据李中华和他的战友们从死神手中拿回来的数据，设计人员一步步使歼－10战机的多项性能达到世界先进水平。

2004年7月，李中华因为为歼－10战机最终定型做出重大贡献，荣立一等功。

英雄礼赞

试飞员的天和地

有谁亲历过世界上最快的飞行速度？有谁感受过世界上最大的飞行载荷？有谁问鼎过世界上最高的飞行升限？有谁敢在空中反复开关飞机发动机？……

能把这些问号全都拉直的，是英雄的空军试飞员。

中国空军试飞员，用一次次敢为人先、挑战极限的试飞，为新一代战机试验、定型，获取了大量第一手数据。

从这个意义上说，"英雄试飞员"李中华何其有幸！他曾经飞过 30 种飞机，安全飞行了 3150 小时，参与并见证了我们国家划时代的三代机试飞的全过程。

如果说蓝天是试飞员一试身手的疆场，那么大地就是哺育试飞员的温床——在这里挥洒泪水、汗水和血水，在这里一路奔跑和成长。

"你吃的是什么，大地？你为什么这样渴？你为什么要喝这样多的眼泪，这样多的鲜血？"从裴多菲这首诗中，其实也可以感受试飞员的付出与艰辛，以及英雄主义的特有魅力。

军人历来与牺牲相伴。为了祖国，不仅军人自己，而且他们的父母、妻子甚至未成年的孩子，也要承受着牺牲。战争年代的军人，往往在一瞬间，以英雄壮举筑起山一样的功劳；和平时期的军人，常常一点一滴地付出生命，把山一样的功劳铺展得很平很远。

试飞员因其职业的特殊性，平时试飞就像上战场，有时以英雄壮举筑起山一样的功劳，更多的时候则把山一样的功劳铺展得很平很远。航空界有这样一组数据：一架新机从首飞到定型，试飞中平均 17 分钟就出现一个故障；每型现代战机列装前，要完成数百个课目、数千架次飞行试验，伴随出现的各类故障数以千计；即使是世界"航空强国"，每一种新飞机试飞成功，也要摔上几架……

  天地有多大，胸怀就会有多大。为祖国和人民而牺牲，试飞员不会有半点犹豫，不会在乎家人能不能得到补偿，更不会计较自己的名字是否还能被人记起。

忠诚党的创新理论模范教员方永刚

我是共产党的忠实追随者

方永刚（1963年~2008年），辽宁建平人，1985年7月入伍，军事学博士。他先后荣获"军队院校育才奖"金奖、全军政治理论研究优秀成果奖，先后出版16部专著，荣立三等功1次。2007年6月30日，中央军委授予他"忠诚党的创新理论的模范教员"荣誉称号。2009年9月，当选"100位新中国成立以来感动中国人物"。

▎英雄话语

"我就是马克思主义、共产党的忠实追随者！"

▎英雄事迹

海军大连舰艇学院政治系教授方永刚，22年如一日，把三尺讲台当作实现人生价值的大舞台，深入学习党的创新理论、坚定信仰党的创新理论、积极传播党的创新理论、模范践行党的创新理论，集中展现了新时期共产党员的高度政治觉悟和优秀教师的高尚道德风范。

一次，方永刚应邀到沈阳军区联勤部驻齐齐哈尔某部作报告。他从下午一直讲到晚饭时间，官兵们还是没听够。在大家的请求下，吃完饭后，方永刚又接着讲了两个小时。

联勤部政治部的一位领导说："歌星有返场再唱的。讲政治理论课，谁见过教员返场的？方永刚就能做到！"

2006年11月17日，被确诊身患晚期结肠癌的方永刚被推上了手术台。主刀的专家打开方永刚的腹腔，惊呆了："我动了20多年手术，还是头一次遇到这么严重的病例。肠子烂了这么多洞，怎么还能坚持工作？"

一天上午，三位研究生来到重症监护病房看他，方永刚面色蜡黄，硬撑着靠在床上，缓缓地说："你们的论文题目还未拟好，你们做好开题准备。"

方永刚一口气讲了20多分钟，头上渗出一层密密的汗珠。学生们不忍心了，妻子也几次试图打断。方永刚发火了："你不要动摇军心！我肚子有问题，但脑子没问题，嘴没问题！"他扭头对学生说："别受你们嫂子干扰，来，咱们继续上课。"

第二次化疗后，方永刚明显消瘦了许多，头发也脱了不少，但精神却很饱满。

2007年1月15日上午8时，方永刚穿着整齐的军装如约登上讲台，给学生们讲"新世纪新阶段我军历史使命"，这是他本学期的最后一课，也是他生命旅程的最后一课。

方永刚走了，他把自己的心血都留在了三尺讲台。

英雄礼赞

"返场"的听头、讲头和奔头

歌星有返场再唱的。讲政治理论课，谁见过教员返场的？方永刚为什么能做到？

返场，因为有听头！

辽宁旅顺果农肖淑琴大妈，曾经担心树不好养、果不好卖，要砍去栽种的几百棵樱桃树苗。当年，是方永刚结合党的政策向果农讲解农产品结构调整，才让果农们吃了定心丸。后来，肖大妈种的大樱桃不仅在当地不愁销路，还能坐上飞机卖到国外。群众交口称赞方永刚："大教授总是能讲清小道理，我们服了！"不到5年时间，方永刚深入工厂、农村、街道、社区、学校、军营，用群众、官兵喜闻乐见的方式和通俗易懂的语言传播党的创新理论，作辅导报告500余场次，场场有听头。

返场，因为有讲头！

给社区居民讲"和谐"，给下岗工人讲第二次创业，给农民朋友讲"三农"政策……传播党的创新理论，方永刚就像一部永不停息的"永动机"。方永刚从辽宁西部贫困农家子弟，成长为高等军事院校教授，把人生坐标牢牢锁定在党的创新理论教学研究上。从感恩、热爱到领悟、信仰，用生命探索、传播、践行党的创新理论，成为方永刚一生无悔的选择。无论什么时候打开方永刚的电脑，屏幕上第一个闪现的肯定是"前沿阵地"，这是方永刚追踪党的创新理论的信息平台。

返场，因为有奔头！

三尺讲台，是方永刚永远痴情迷恋的地方。一次同学聚会，有人问他："搞理论教学是不是很苦啊？"方永刚坦言："精神的痛苦源于理想和现实的悖论，如果不信它，还研究它、传播它，必定很痛苦。我写的、讲的，都是我的真情实感，我信它，所以我快乐。"我相信，所以我快乐！信仰者传播信仰，在返场中乐此不疲！方永刚给我们的启示是，把党的创新理论消化吸收再做创造性传播，便能我手写我口、我口讲我写、我讲我快乐。

缉毒英雄印春荣

我们多抓一个毒贩，百姓就少受一份害

　　印春荣，1964年7月出生，云南昌宁人，1982年10月入伍，1988年5月加入中国共产党，曾任云南省普洱市公安边防支队支队长，现任国家移民管理局机关党委专职副书记。先后荣获"中国十大杰出青年""全国公安系统二级英雄模范"称号，荣立一等功一次、二等功两次、三等功七次。2017年7月28日，中央军委主席习近平签署命令，授予印春荣"八一勋章"。

英雄话语

　　"我们在边境多查一克毒品，多抓一个毒贩，百姓就少受一份害！"

英雄事迹

印春荣出生于云南边境。从小到大，许多因毒品家破人亡的悲惨故事，经常在他的身边发生。

"我们在边境多查一克毒品，多抓一个毒贩，百姓就少受一份害！"这是印春荣的坚定信念。

在缉毒斗争中，印春荣数百次深入形势最复杂、毒情最严峻的边境一线，一次次把贩毒分子绳之以法。他凭着非凡的胆略和过硬的本领，数十次面对毒贩枪口，30多次乔装打入贩毒集团内部卧底侦查。

2002年5月，印春荣乔装成"马仔三哥"只身与毒贩见面，对方不仅枪不离身，还有保镖护卫。面对不利局面，他与毒贩斗智斗勇，最终将毒贩引入包围圈。穷凶极恶的毒贩拔枪拒捕，他赤手空拳夺枪制敌，与战友一道将两个毒贩生擒，当场缴获冰毒53千克，摧毁了一个带黑社会性质的贩毒集团。

2003年11月，印春荣冒死打入国际贩毒集团内部。他先后辗转3省7市，与两个毒贩同吃同住19天，获取并发出了案件关键情报，最终将日产20千克的冰毒加工厂打掉，缴获毒品231.86千克、毒资695万元。

1998年以来，印春荣作为侦办主力，先后破获贩毒案件3234起，抓获犯罪嫌疑人4246个，缴获各类毒品4.62吨、易制毒化学品487吨、毒资3520余万元，个人参与缉毒量创公安边防部队之最。

2014年8月，印春荣提任云南省普洱市公安边防支队支队长。他先后30余次率团与越南、老挝、缅甸边防部门会晤；组织成立"智慧边防"智库小组，经过30多次调研论证，在边境一线建成集数字沙盘、远程指挥、无人机巡逻、移动终端核查等为一体的数字化边境管控体系，筑起一道全方位、全时段监管的智能国防屏障。

英雄礼赞

当兵 16 年走上缉毒战场

毒品离我们到底有多近？边境缉毒到底有多危险？

印春荣的家乡靠近"金三角"。从小到大，他耳闻目睹了很多因毒品而导致家破人亡的事件。中学时一个晚上，印春荣上完自习回家时，突然被地上的"东西"绊了一个跟跄，他用手电一照，竟是个一动不动的人，手里握着一支没有注射完的针管。后来，印春荣得知是毒品夺走了这个人的生命。印春荣有个同乡也因为吸毒导致倾家荡产，后来竟然把年仅几岁的儿子卖到境外，而他自己最后也客死异国他乡。

成为光荣的武警战士后，印春荣梦想上缉毒战场一线，遗憾被选拔当了一名卫生员。失落归失落，但印春荣做好本职工作，精益求精为战友和驻地群众看病治病。

哪承想，正是凭借自己的行医经验和敏锐的观察能力，印春荣得到一次"卧底"机会。

初战告捷，印春荣从此正式走上缉毒一线。

捷报频传，印春荣个人参与缉毒量创公安边防部队之最。

然而，国门前的"无声较量"，常常意味着巨大牺牲。

谁能想到，为避免犯罪分子对自己的家人打击报复，印春荣每次休假，都会选择在深夜才进家门，之后决不随意出门。

谁能想到，印春荣本来与儿子约定，每周日晚上通一次电话。然而，每当儿子早早守在电话旁，他却因为办案经常没法给儿子打过来。

这些年,印春荣的身份有两次重大转换,一个是从卫生员到缉毒警,一个是从武警到民警。每一次转换,都是他把人民利益高高举过头顶的结果:"多抓一个毒贩,百姓就少受一份害!"

第一次转换,他用了16年默默等待。

第二次转换,距他入伍已经过去了37个年头。

人生有多少个16年?干事创业有多少个37年?当把个人理想融入维护人民利益的行动,一切的等待都值得!一切的磨炼都是水到渠成!

视死如归的战斗英雄韦昌进

为了胜利,向我开炮

韦昌进,1965年11月出生,1983年10月入伍,江苏溧水人,中共党员,现任上海警备区副政委。被誉为"八十年代活着的王成",荣立一等功,被中央军委授予"战斗英雄"荣誉称号。2009年,被评为"100位新中国成立后为国防和军队建设做出重大贡献、具有重大影响的先进模范人物"。2017年7月28日,中央军委主席习近平签署命令,授予韦昌进"八一勋章"。2018年12月18日,党中央、国务院授予韦昌进"改革先锋"称号。

英雄话语

"为了祖国,为了胜利,向我开炮!"

英雄事迹

1985年,韦昌进曾跟随部队开赴前线。

韦昌进所在排扼守在无名高地上。它是一个凸起的小山包，长约40米，宽约30米，是部队防御前沿的重要屏障，也是敌人进攻部队主阵地的必经之路。

"轰轰轰……"敌军的炮弹呼啸着飞向无名高地，瞬间，韦昌进他们据守的哨位周围狼烟四起，碎石乱飞。

猛然间，韦昌进感觉自己的右锁骨和左大臂像是被什么猛刺了一下，不好——韦昌进知道自己中弹了！但看到敌人就在眼前，他顾不上包扎伤口，连续甩出十几枚手榴弹。随着"轰轰"的爆炸声，敌人被打得败退下去。

韦昌进和班里的五名战士刚撤到隐蔽洞口，敌人的炮弹又呼啸而至，在他们身边爆炸。韦昌进觉得自己的左眼一阵钻心的疼痛。他用手往脸上一摸，感觉一个小肉团挂在脸上，韦昌进意识到，自己的眼球被弹片打出来了。战斗仍在继续，韦昌进顾不上疼痛，用手捏起眼球，塞进眼窝，拉起战友苗廷荣迅速转移到隐蔽洞中。

夜幕降临，韦昌进知道，敌人还会趁着夜暗摸上阵地，而此时，韦昌进处于半昏迷状态，隐约听到洞外传来碎石滚动和敌人的说话声。"敌人摸上来了！"韦昌进猛醒。他打开步话机呼叫排长，报告阵地敌情，并请求排长转告上级，用炮火对哨位进行无差别轰炸。

"小韦，那你们怎么办？"排长正在犹豫。韦昌进对着步话机大喊："排长，快报告上级，敌人上来了，就在哨位周围。为了祖国，为了胜利，向我开炮！向我开炮！"

刹那间，密集的炮火覆盖整个阵地，敌人再次丢盔卸甲败了下去。

晚上8点多钟，在后续增援的战友赶到后，韦昌进才被战友们抬下了山。

在这场激烈的战斗中，韦昌进被弹片击中失去左眼、穿透右胸，全身

22 处负伤，在医院整整昏迷了 7 天 7 夜，先后动大小手术 13 次。

战后，中央军委授予韦昌进"战斗英雄"称号。

英雄礼赞

"嘀嘀"响声就是警示

韦昌进担任广西军区副政委后，有人说，这里有两位经过战火洗礼的将军，一个是韦昌进，一个是丁晓兵。

他们两人都以鲜血为代价擦亮了肩上的将星，韦昌进失去的是左眼，丁晓兵失去的是右臂。

当年，丁晓兵升任武警广西总队政委、党委书记之初，一个举动让许多人颇感意外：换掉办公室的椅子。在他看来，软绵绵的老板椅不是军人坐的，硬板椅坐起来才稳当提神。

而今，韦昌进身上还残留着四块弹片，过安检时常引起"嘀嘀"响声。他说，这"嘀嘀"响声就是警示和提醒：既然穿着这身军装，就要时刻准备着上战场。

两位将军的清醒，何其相似乃尔！

看似偶然，实则必然。

防微杜渐，任重道远。他们的担忧并非多余。

抗战时期，担任一二〇师敌工科科长的苏醒，因为阑尾炎术后需补充营养，战友们跑到 200 里外的敌占区买回一只鸡。师直属政治部主任李贞遇见了，当即提出批评："在困难的时候，党员干部比群众多吃一个胡萝卜都是犯错误。"多少年过去了，他一直忘不了这次批评。

和平年代，"导弹司令"杨业功在自家门楣贴上了"携礼莫入"的横幅。杨业功纪念馆里，在他的大衣、水壶、方便面"三件宝"前，在小饭桌、搪瓷碗、自制小台灯前，参观者流连驻足，久久回味。

信仰如金，只有淘尽物欲的杂质，才会愈发耀眼。

信仰如剑，只有淬炼精神的锋芒，才能剑起风云。

生活低要求，工作高标准，正是共产党人人生观、世界观、价值观的写真。任弼时一生"三怕"，令人景仰：一怕工作少，二怕用钱多，三怕麻烦人。

虚荣的人注视着自己的名字，光荣的人注视着祖国的事业。

强大国防离不开军人这一神圣职业，然而又不能只靠军队和军人。

军营内外，像韦昌进、丁晓兵一样的人越多，国防力量越强大，国防事业越有希望。

逐梦太空的英雄航天员景海鹏

即便我们回不来,也一定要让五星红旗在太空高高飘扬

　　景海鹏,1966年10月出生,山西运城人。1985年6月入伍,1987年9月加入中国共产党,现为中国人民解放军航天员大队特级航天员,少将军衔,空军一级飞行员。中共中央、国务院、中央军委授予他"英雄航天员"称号,颁发"航天功勋奖章"。2017年7月28日,中央军委主席习近平签署命令,授予他"八一勋章"。2018年12月18日,党中央、国务院授予他"改革先锋"称号。

▎英雄话语

　　"即便我们回不来,也一定要让五星红旗在太空高高飘扬!"

▎英雄事迹

　　1998年1月进入北京航天城时,景海鹏已经31岁了,要在五年内学

完物理学、天文学、载人航天技术等 30 多门学科课程，还要进行八大类上百个课目的专业技能训练，谈何容易？

这期间，他把每天中午的休息时间也用于看书学习，晚上 12 点前几乎没有休息过。他更舍弃了许多个人爱好，几乎没有参加过任何聚会，没陪父母过一个春节，也没陪妻子逛过街。正是这艰辛磨砺和严格锤炼，使他一步步完成了从飞行员到英雄航天员的蜕变。

2008 年 9 月，景海鹏与战友执行"神舟七号"载人飞行任务。出发前，他发出铮铮誓言："即便我们回不来，也一定要让五星红旗在太空高高飘扬！"

开始进行出仓活动时，连续出现两个意外。一个是乘组在按预定计划开启舱门时，舱门却丝毫没有反应。而此时，飞船即将飞出测控区，必须尽快打开舱门，在下一个测控区完成出舱活动。乘组用辅助工具撬了两次，刚打开一点缝隙，强大的压强又把舱门紧紧吸上了。这时，他们拼尽全力用力一拉，终于打开了连接太空的舱门，让鲜艳的五星红旗飘扬在浩瀚太空。

已两度飞天的景海鹏，并未停止高标准学习训练的步伐。景海鹏坚定地表示："时刻准备再上一次太空、再当一回先锋、再打一场胜仗，努力为建设航天强国和世界科技强国奋斗终生！"

英雄礼赞

我们的目标是星辰大海

关于航天梦，中国航天人曾经豪迈地说过——

今天我站在这里，天空和星辰依然在那里。地球是人类的摇篮，但你永远不能活在摇篮中。我们曾错过海洋，但我们不能再错过宇宙。将来我们还会走得更远，我们不是为了鲜花和掌声，我们的目标是星辰大海。

奔向星辰大海的过程，有一个名字不会被忽略：景海鹏。他是中国首位三度飞天的航天员。

梦想发芽，往往在不经意间。

谁能想到，景海鹏萌生当一名飞行员的梦想，竟然始于一张照片。高二那年的一天，学校报刊栏一张穿着皮夹克、戴着飞行头盔的飞行员照片，深深吸引了景海鹏。这名飞行员的名字叫张海鹏。"人家叫海鹏能当战斗飞行员，我也可以成为一名飞行员！"当时，谁也没把他这番话当真。然而，他自己当真了！

寒门学子多磨难。第一次报考飞行员，景海鹏并没能如愿。来年再战，他才走进了航校的大门，成为一名飞行学员。

如今，人尽皆知，景海鹏是中国首位三度飞天的航天员：分别在2008年9月圆满完成"神舟七号"载人飞行任务，2012年6月圆满完成"神舟九号"的载人交会对接任务，2016年10月圆满完成"神舟十一号"飞行任务。

景海鹏第三次飞天的时候，在新闻采访中，家里人说得最多的就是担心他。虽然担心，但依然相信，相信祖国的航天技术，相信景海鹏会平安归来。

航天逐梦，需要以生命为代价。在酒泉东风航天城的东风烈士陵园，埋葬着700名为中国航天事业献出生命的英雄。

航天逐梦，意味着很多时候需要放弃天伦之乐。

从父母到弟弟妹妹，再到妻儿，都给予了景海鹏最大的支持。熟悉的人对他的父母说，养这个儿子有点亏。每当这个时候，景海鹏的父母总是发自内心地说，儿子就献给国家了。

有更多景海鹏一样的航天员，有更多景海鹏一样的家人，星辰大海离我们将不再遥远。

导弹兵王王忠心

今天不努力，明天就要被淘汰

　　王忠心，1968年9月出生，安徽休宁人，曾担任火箭军某部队技术营测试一连控制技师、一级军士长。曾多次受到习近平主席接见。2017年7月28日，中央军委主席习近平签署命令，授予他"八一勋章"。2019年9月25日，荣获新中国成立70周年"最美奋斗者"荣誉称号。

英雄话语

　　"今天不努力，明天就要被部队淘汰；今天不学习，明天就要被专业抛弃。"

英雄事迹

　　火箭军某旅技术营班长、一级军士长王忠心，大家都敬佩地称他为"导弹兵王"。

有这样一组数据记录着他的价值：当兵 31 年，扎根一个连队 29 年，当班长 28 年，多次受到习近平主席接见，光荣当选为十二届全国人大代表；熟练操作 3 种型号导弹武器，精通测控专业全部 19 个号位，实装操作上万次，无一差错；参与执行重大任务 30 次，操作和指挥发射多型号导弹武器，发发命中；培养和帮带出 300 多名技术骨干，40 多人进入火箭军和基地技术尖子人才库……

2007 年秋，王忠心所在部队挥师西北，执行实弹发射任务。在发射前的一次重要分系统测试中，一个信号指示灯一直没有显示。眼看发射窗口越来越近，紧要关头，王忠心临危受命，带领技术组排除故障。只见他迅速打开相关的四张电路图，一边沿着线路推演，一边飞速地剔除各种"不可能"。一个多小时后，王忠心把故障锁定在一块电路板上。一查，果然是这块电路板上的一个电容被击穿了。换上新电容后，指示灯显示正常。几天后，一枚新型导弹在西北戈壁腾空而起，直冲云霄，打出历史最佳精度。

2016 年底，达到士兵最高服役年限的王忠心本可以功成身退，但想起自己心爱的导弹事业，王忠心还是选择了继续服役。他说："是组织培养了我。只要组织还需要我一天，我就要兢兢业业尽好自己的本分，为强军兴军事业贡献自己的一份力量。"这一干又是四年多，直到 2020 年 5 月 15 日光荣退休。

英雄礼赞

"兵王"是怎样炼成的

王忠心可谓名副其实的"兵王"。全军一级军士长数量比将军还要稀少，被网友尊称为"熊猫兵"，王忠心便是其中之一。从列兵到一级军士长，王忠心把自己人生最美好的时光如数奉献给了祖国与挚爱的军队。

散文大家梁衡在《人人皆可为国王》一文中曾经说过："你看歌星、球星是追星族的国王；作家、画家是欣赏者的国王；学者、教授是学术领域内的国王；幼儿园的阿姨、小学的教师整天享受着孩子们的拥戴，也俨然如王——孩子王。"

"兵王"有啥不同？

王忠心用 34 年军龄告诉我们："兵王"坚持祖国和人民利益至上，看重的不是"被追星"，贪图的不是"被拥戴"；如果说"兵王"盼望当"权威"、盼望被"欣赏"，那么他盼望的是当打胜仗的"权威"，盼望的是被明天的战争"欣赏"。

34 年军旅人生，王忠心经历了军队建设的三次跨越式发展和部队武器装备的两次换型。

他的胸怀是用考验撑大的。

这期间，王忠心两次面临退役还是留下继续服役的抉择。因为种种原因未能提升的事，他经历过三次。他的战友提干了，还成了他的上级。面对这些，王忠心没有抱怨过一句，仍然勤勤恳恳当个好兵。

他的荣誉是靠本领堆起的。

精通测控专业全部 19 个号位操作本领的王忠心，是官兵公认的"操作王""排障王"。执行重大任务、完成实装操作，从没下错一个口令、没做错一个动作、没看漏一个现象。

超强本领背后是巨大的牺牲和付出。王忠心不仅啃烂了《模电》《数电》这些教材，还画下了几十米长的电路图纸，单是一个插拔线缆的动作都可以练习上千次。

喜迎建党百年,"闲"不住的"兵王"王忠心成立了"兵王"工作室,并被家乡安徽省黄山市国防教育委员会聘为国防教育宣传大使,市长亲手把聘书颁发给了他。

向"兵王"致敬!愿"兵王"幸福!

反恐勇士王刚

看我的！跟我上！

王刚，新疆阿克苏人，1972年12月出生，1991年12月入伍，武警新疆维吾尔自治区总队某支队支队长。长期战斗在反恐维稳第一线，参与处置十多次严重暴力恐怖事件，被武警部队表彰为"中国武警十大忠诚卫士"，荣立一等功两次。2017年7月28日，中央军委主席习近平签署命令，授予王刚"八一勋章"。

英雄话语

"看我的！跟我上！"

英雄事迹

天山山脉，冰峦环峙，群山突兀。突然，一阵清脆的枪声在深山雪原处响起。

这不是影视剧中的镜头，也不是演习演练的场景，而是一次生死较量的反恐战斗。这名指挥员就是素有"反恐勇士"之称的武警新疆总队某支队支队长王刚。

用官兵的话说，王刚的威名是在战场上打出来的。从战士到干部、从排长到支队长，当兵近30年，王刚始终奋战在反恐战斗最前沿。他先后经历15次生死战斗，荣获15枚军功章，荣膺第十九届"中国武警十大忠诚卫士"称号，所带官兵有百余名在反恐战斗中荣立一、二、三等功，成为令暴恐分子闻风丧胆的"反恐尖刀"。

2015年9月的一天，一伙暴恐分子杀害数名群众、抢夺枪支弹药后，窜进人迹罕至的天山峡谷。歹徒藏在半山腰三角斜面的山洞里，居高临下，易守难攻。危急之下，王刚果断下令："盾牌手掩护，投弹手、步枪手，跟我上！"瞬间，枪声大作，火光四起，暴恐分子成了"瓮中之鳖"！

任中队长时，他圆满完成捕歼战斗；任大队长时，他多次带领官兵完成抓捕战斗；任副支队长时，他指挥官兵成功处置多起暴恐事件；任支队长时，他指挥官兵打赢了高原山地围剿战斗。

"看我的""跟我上"是王刚常说的话。对支队官兵来说，这绝不是一句口号，而是一种立身为旗的激励感召。

一次战斗中，王刚带领特战队员搜索时，突然传来几声枪响。王刚在提醒队友的同时，下了死命令："你们只能跟在我身后，任何人不能超过我！"清脆的枪声此起彼伏，王刚始终匍匐在队伍的最前面，第一个冲向山洞，第一个近身投掷催泪弹。

回想起那场战斗，特勤中队代理排长王永强感慨地说："有这样的领导带我们上战场，心里就有底气。即便粉身碎骨，我们也心甘情愿。"

英雄礼赞

"尖刀"永不卷刃

2016年，由美国政府发起的一项研究指出，从2012年到2014年，中国国内的袭击事件"显然发生得更加频繁，发生地域更加分散，攻击目标更加随意"。

全世界为之瞩目的是，自2017年以来，中国再没有恐怖袭击事件发生。事实上，中国在没有造成过多附带伤害的情况下解决了恐怖主义威胁这一世界性难题，这是相当了不起的。

其中，就有反恐勇士王刚和战友们的贡献。

王刚堪称一把永不卷刃的"反恐尖刀"。这把所向披靡的尖刀由两簇火焰锻造而成，一簇火焰是"看我的"，一簇火焰是"跟我上"。

"看我的"，燃烧的是自信和豪迈。

对当兵的人来说，"看我的"，战争年代是把脑袋别在裤腰带上干革命，和平时期是不惜一切代价支持地方搞建设。而今，"看我的"已经成为带兵人的基本素质和基本素养。在边境重要军事行动中失去右手右臂的丁晓兵，用左手打枪投弹，用左手吃饭写字，他左手射击甚至比以前用右手打出的环数还要高！跟着这样的带兵人当兵，何等骄傲和自豪！在这支部队里，绝大多数战士都会积极练兵备战，争当一名好兵。

"跟我上"，喷射的是无畏和担当。

对当兵的人来说，"跟我上"，战争年代是身先士卒打冲锋，和平时期是一马当先支持地方经济社会发展。"跟我上"，是我们这支军队带兵人的独特共性和显著特征。韦昌进被誉为"活着的王成"，他回顾自己学英雄、当英雄、致敬英雄的这条路，曾经动情地说过："只要把国家、民族的利益，人民群众的愿望时刻牢记在心头，做最好的自己，关键时刻能够豁得出去，以国家和民族的利益为第一追求，每个人都可以成为英雄。"

历经战争考验的丁晓兵、韦昌进，与身处反恐一线的王刚，都是英雄，他们敢于叫响"看我的"；都是勇士，他们真正做到了"跟我上"。

"看我的""跟我上"，两簇激情四射的火焰，决定了我们这支军队英雄辈出、群星闪耀。

逐梦海天的强军先锋张超

哪怕是付出生命的代价，也要振翅高飞

张超（1986年~2016年），湖南岳阳人，2004年9月入伍，2009年5月加入中国共产党，生前系海军某舰载航空兵部队正营职中队长，歼-15舰载机一级飞行员，海军少校军衔。2016年11月，中央军委主席习近平签署命令，追授他为"逐梦海天的强军先锋"。2018年6月，追授为"全国优秀共产党员"。2018年9月，张超成为全军挂像英模。

英雄话语

"人民海军要想飞向远海大洋，就要有一群不畏风雨的雄鹰，哪怕是付出生命的代价，也要振翅高飞！"

▌英雄事迹

"文能提笔安天下，武能跨马定乾坤！"这是海军某舰载航空兵部队一级飞行员张超贴在宿舍门上的一句话。

张超作为舰载战斗机飞行员，从他入列第一天起，就被打上了"完美主义者"的标签。

为尽快掌握舰载飞行规律，熟练并适应和以往"正区操纵"完全相反的"反区操纵"技术，张超经常利用休息时间给自己加课，就连躺在床上，室友们也常听到他在念叨"对中、看灯、保角……"

短短半年时间，张超的模拟器飞行时间多达数百小时，遥遥领先同班次战友。每次飞行，几百个操纵动作和程序记得丝毫不差，近百个空中特情处置方案倒背如流。每个架次都在追求完美，每次升空都是自我超越。

双机纵队筋斗是某教练机特技飞行的高难动作，两机高度差不到10米。在飞这个高风险的动作时，张超主动请战，和长机协同完成了一个无可挑剔的双机纵队筋斗特技。

2016年4月27日，连续完成两架次海上30米超低空飞行后的张超，驾驶歼-15执行当天最后一个架次的飞行任务。当他近乎完美地操纵飞机精准着陆后，已经接地的飞机突发电传故障——这是歼-15最高等级故障，一旦发生意味着战机将失去控制。随即机头急剧大幅上仰，飞机瞬间离地数十米，在机头超过80度仰角的下坠过程中，他做出的第一反应竟是把操纵杆推到头，尽最大努力保住飞机，却错过了最佳跳伞时机，被迫跳伞后坠地受重伤，经抢救无效壮烈牺牲。

雄鹰折翅，令人扼腕痛惜。从张超跳伞负伤到牺牲，时任团长张叶一直陪在他身边，他清楚地记得张超说的最后一句话："团长，我是不是要死了，再也飞不了了……"

生死一瞬，见证了他是"逐梦海天的强军先锋"、当之无愧的"飞鲨"勇士！

英雄礼赞

爱，在海天之间

"张超本平凡，他是因为投入一项伟大的事业中而变得伟大，用自己年轻的生命在海天之间飞出了一道永恒的航迹。"在"人民英雄"张超烈士牺牲五周年之际，他的妻子张亚撰文《爱，在海天之间》悼念爱人。

张超家庭曾屡屡遭遇不幸。三个哥哥相继夭折，其中两个哥哥溺水而亡。小时候，父母根本不允许他靠近水边，弄湿了裤脚都要挨一顿打。没想到从小"忌水"的他，偏偏选择了海军，最终在海军的行列中献出了宝贵生命。

他是蓝天的骄子。张超飞过八型战机，数十次带弹紧急起飞驱离外军飞机，是首批驾驶国产战机飞临西沙的飞行员之一。极具飞行天赋的张超并不是超人，只是付出了比旁人更多的努力。

"上天能开机，下海能操舰"是他的梦想。为了这个梦想，张亚从来没有阻拦过丈夫加入海军舰载机部队，尽管那时女儿还不到1周岁，尽管她知道飞舰载机的危险系数是普通飞行的20倍。

令人万分心痛、万分遗憾的是，张超最终倒在离梦想咫尺之遥的地方——只剩下最后七个飞行架次，他就能飞上航母辽宁舰。

4.4秒，生死一瞬。张超选择奋力推杆挽救战机，放弃了第一时间跳伞，放弃了生的希望。

不懂他的人认为他傻，说生命价值远高于战机。

懂他的人都知道，航母和舰载机是承载着祖国安全的利器，犹如伴他出生入死的兄弟，挽救战机、保留数据，才能避免同样的险情在战友们的身上发生。

在巨大撞击中，张超内脏严重受损。医生说，那么重的伤，能坚持到医院已是奇迹。他临终前对团长说的那句话，刺痛了多少人啊！

29岁的张超走得如此突然，给战友留下无尽伤痛，给亲人留下无尽伤痛。

2016年8月23日，张超战友带着他的照片登上航母，驾机在辽宁舰起降，替他实现未了的心愿。

爱，在海天之间。那一刻，张超若是九泉之下有知，当是欣慰地笑了。

附 录

死生一事付鸿毛，人生到此方英杰
　　　　　　　　　　　　中国女权运动的开创者之一——秋瑾

头可断，血可流，工不可复
　　　　　　　　　　　　工人阶级的不屈战士——林祥谦

人生应该如蜡烛一样，从顶燃到底，一直都是光明的
　　　　　　　　　　　　中国青年运动的先驱和领袖——萧楚女

五人团结一只虎，十人团结一条龙，百人团结像泰山
　　　　　　　　　　　　中国工人运动的杰出领袖——邓中夏

忠诚印寸心，浩然充两间
　　　　　　　　　　　　中国共产党早期的重要领导人——蔡和森

生是为中国，死是为中国
　　　　　　　　　　　　我党我军政治工作第一人——刘伯坚

青年最要紧的精神，是要与命运奋斗
　　　　　　　　　　　　中国青年的楷模——恽代英

为人民尽孝，为革命尽忠
从奴隶到将军——罗炳辉

我死国生，我死犹荣，身虽死精神长生，成功成仁，实现大同
宁都起义的领导者——赵博生

贫富阶级见疆场，尽善尽美唯解放
齐鲁英豪——王尽美

清清白白做人，踏踏实实做事
齐鲁大地的先锋战士——邓恩铭

砍头不要紧，只要主义真。杀了夏明翰，还有后来人！
农民运动的杰出领导人——夏明翰

牺牲我小，成功我大
中国妇女运动的先驱——杨开慧

共产党就是战斗的党
上海工会的灵魂——赵世炎

我们搞民主运动的人，是要随时准备牺牲的
立场坚定的民主战士——李公朴

让反动派的枪声做我们结婚的礼炮吧
革命伴侣——周文雍、陈铁军

党的干部什么时候都要实事求是
红军女将——张琴秋

中国有了共产党，中国就有了希望

中国地质之父——李四光

起来！不愿做奴隶的人们！把我们的血肉，筑成我们新的长城

中国现代戏剧三大奠基人之一——田汉

横眉冷对千夫指，俯首甘为孺子牛

新文化运动的干将——鲁迅

国家是大家的，爱国是每个人的本分

伟大的人民教育家——陶行知

青年永远是革命的，革命永远是青年的

正义长存的民主斗士——闻一多

为什么我的眼里常含泪水？因为我对这土地爱得深沉

中国诗坛泰斗——艾青

国破尚如此，我何惜此头？

抗日名将——吉鸿昌

人的躯体哪能由狗的洞子爬出

新四军军长——叶挺

军人战死沙场原是本分，没有什么值得悲伤的

英勇抗日的爱国将领——赵登禹

把一切献给为民族解放而奋斗的伟业

英雄的回民支队司令员——马本斋

中国人都投降了，还有中国吗？

　　　　　　　　　　　　抗日英雄——杨靖宇

我一切为党工作，为党的路线斗争

　　　　　　　　　　　　杰出的军事家——左权

冰天雪地矢壮志，霜夜凄雨勇倍添

　　　　　　　　　　　　义勇军领袖——赵尚志

甘愿征战血染衣，不平倭寇誓不休

　　　　　　　　　　　　华侨抗日女英雄——李林

一个共产党员不为党工作，是耻辱

　　　　　　　　　　　　抗日"虎将"——徐海东

竹签子是竹子做的，共产党员的意志是钢铁

　　　　　　　　　　　　巾帼英雄——江竹筠

有了党，我就有了母亲

　　　　　　　　　　　　刘胡兰式的英雄——解文卿

有了理想，就等于有了灵魂

　　　　　　　　　　　　中国的保尔——吴运铎

在家靠父母，革命靠互助

　　　　　　　　　　　　杀敌英雄——王克勤

当人大代表，就要代表人民

　　　　　　　　　　　　连任13届的全国人大代表——申纪兰

既要把群众带到富路上，又要把群众带到正路上

　　　　　　　　　　　　共产党员的优秀代表——史来贺

为人民服务就要服务到底，为完成党的任务，就要不怕流血牺牲

　　　　　　　　　　　　　　　现代花木兰——郭俊卿

得民心的事要多做，违民心的事不能沾边

　　　　　　　　　　　　一心为民的好干部——吴天祥

为人民服务，为革命贡献一切的人，才算是一个真正的人

　　　　　　　　　　　　　　雷锋式的好战士——刘英俊

人的一生很短暂，只有拼搏，才是生命的最好延长

　　　　　　　　　　　　　最美巾帼奋斗者——李桓英

一个人活着应当有个信仰

　　　　　　　　　　中国知识分子的优秀代表——蒋筑英

只要能为人民带来幸福，就是我个人的幸福

　　　　　　　　　　　　　　模范党支部书记——郭秀明

上不愧党，下不愧民

　　　　　　　　　　我党我军宗旨的模范实践者——李国安

共产党人权力的天平，任何时候都不能失衡

　　　　　　　　　　　　　　　共和国脊梁——范匡夫

宁可前进一步死，决不后退半步生；宁可死在山顶，也不死在山脚

　　　　　　　　　　　　　　　　战斗英雄——史光柱

心中只有"公",人民才能安

> 人民的好警察——任长霞

作为一个真正的军人,就要平时忘我,战时忘死

> 独臂英雄——丁晓兵

为人民服务没有"终点站"

> 首都楷模——李素丽

活着就要做个对社会有益的人

> 二十世纪八十年代新雷锋——张海迪

只要还有一口气,我就要站在讲台上

> "七一勋章"获得者——张桂梅